MICHAEL SCHOTTENBERG

VOM ENTDECKEN
DER WELT

MICHAEL SCHOTTENBERG

Vom Entdecken der Welt

Schotti to go

Mit 452 Abbildungen

Amalthea
Verlag

Bildnachweis
Alle Bilder stammen von Michael Schottenberg,
mit Ausnahme der folgenden:
Martina Berger (18), Madeleine Pichler (78 links oben, 81 links
unten, 83 links unten, 83 rechts unten, 86), Milan Turkovic
(78 links unten, 84)

Weltkarte Seite 20/21: © designed by freepik

Der Verlag hat alle Rechte abgeklärt. Konnten in einzelnen Fällen
die Rechteinhaber der reproduzierten Bilder nicht ausfindig
gemacht werden, bitten wir, dem Verlag bestehende Ansprüche
zu melden.

Redaktioneller Hinweis:
In Fällen, in denen aus Gründen der Stilistik das generische
Maskulinum verwendet wird, sind grundsätzlich immer alle
Geschlechter gemeint.

Der Umwelt zuliebe #ohnefolie

Besuchen Sie uns im Internet unter:
amalthea.at

© 2023 by Amalthea Signum Verlag GmbH, Wien
Alle Rechte vorbehalten
Umschlaggestaltung und Satz: Johanna Uhrmann
Umschlagabbildungen: Cover: © Martina Berger;
Rückseite und vordere Klappe: © Michael Schottenberg
Lektorat: Madeleine Pichler
Herstellung: VerlagsService Dietmar Schmitz GmbH, Heimstetten
Gesetzt aus der Museo und Mokoko
Designed in Austria, printed in the EU
ISBN 978-3-99050-247-1

FÜR CLAIRE

Inhalt

Der lange Weg
VOM TOURISTEN ZUM REISENDEN

Der „Einser-Weg" führt ziemlich genau an jenem gelben Häuschen vorbei, in dem ich seit einiger Zeit lebe und schreibe und sogar ein paar Hühner halte. Weiter unten, jenseits der Straße, überquert eine kleine Brücke den Bach, von dort geht's hinauf auf die obere Waldstraße, entlang des Forstes über den Hahnschlag bis zum Winkelberg, wo der Weg steil abfällt, um dann den Gegenhang hinauf in weitem Bogen bis zum Kogel zu führen. Wer zu hören vermag, dem sei die Musik des Waldes anempfohlen. Der Kuckuck zum Beispiel, von dem meine Großmutter einst behauptete, sein Ruf bringe Glück, wenn man gleichzeitig mit ein paar Münzen klimpert – dann, aber nur dann, ginge ein geheimer Wunsch in Erfüllung. Seither machte sich der Bub nie ohne Erspartes auf den Weg, um, kaum dass der Vogel seine markante Stimme durch den Wald schickte, die Geldbörse zu schütteln. Und natürlich stand da gleich hinterm nächsten Baum ein wie von Geisterhand verstecktes Goldtöpfchen bereit. Dass die alte Frau verschmitzt lächelte, als der Bub die Münzen herausklaubte, fiel diesem natürlich nicht auf. Warum auch, Großmütter sind immer gut für Wunder.

Die Wege, die jungen Menschen endlos erscheinen, werden im Laufe des Lebens kürzer. Bald schon tauschte der Halbwüchsige Schusters Rappen gegen ein schneidiges Dusika-Fahrrad ein, später dann gegen einen gebrauchten Fiat, gerade noch leistbar, dennoch reichlich Schrott. Es kam die Zeit der preisgünstigen ÖKISTA-Fahrten, später dann, nach ersten Engagements, die der Pauschalreisen. Kaum, dass im Juni der letzte Vorhang der Spielzeit fiel und die Schauspielkollegen wie die Zugvögel zu den Sommerspielen flatterten, bestieg der junge Mann den Ferienflieger, der ihn zu den Stränden Griechenlands, an die feuchtheißen Küsten Südostasiens oder in die Straßenschluchten der Neuen Welt brachte. Aus dem Buben wurde ein Tourist. Die Geheimnisse der Welt aber sollten für ihn im Dunkeln bleiben, so lange, bis er eines Tages, gar nicht mehr jung, die Langsamkeit entdeckte. Da aber war er längst schon zum Reisenden geworden – und das kam so plötzlich, dass er gar nicht merkte, wie ihm geschah.

An diesem Tag war eine lange Busfahrt auf dem Programm gestanden, weswegen ich mich nach Ankunft im Quartier bald hinlegen wollte. Doch ich hatte Hunger. Ein Taxi brachte mich in die Stadt Nyaung U. Für die Strecke benötigte der Fahrer eine halbe Stunde. Ich achtete nicht auf den Weg, warum auch, wollte ich doch mit dem gleichen Wagen wieder zurück. Ein Fehler, denn kaum sah ich mich um, war der Kerl verschwunden. Also machte ich mich nach dem Essen zu Fuß auf den Weg. Am Nachthimmel Burmas war nicht ein einziger Stern zu sehen, kein Wunder, es war Monsunzeit. Ich ging sicher schon eine halbe Stunde, ohne einer Menschenseele zu begegnen, als mir der Schein einer Kerosinlampe ent-

Paharganj, die Hölle von New Delhi

gegenleuchtete. An einem Imbissstand lehnte ein Mann, der eine milchige Flüssigkeit aus einem Pappbecher schlürfte. Mit Händen und Füßen versuchte ich ihm zu erklären, dass ich Hilfe benötigte, da ich den Weg zu meinem Hotel nicht fände. Der Mann lachte, schlug mir auf die Schulter und gestikulierte in jene Richtung, aus der ich gerade gekommen war. Ich entschloss mich, seinem Rat nicht zu folgen und geradeaus weiterzugehen. Ich bekam gerade noch mit, wie er den Kopf schüttelte. Ein endloses Asphaltband lag vor mir, links und rechts Dschungel. Irgendwo heulte ein Hund. Ich beschleunigte meine Schritte. Das Bellen kam näher und ging in Knurren über. Andere Hunde waren hinzugekommen. Ich blieb stehen. Eiskalter Schweiß rann mir über den Rücken. Instinktiv tat ich das einzig Richtige – ich ging weiter. Schritt für Schritt. Lange. So lange, bis sich das Kläffen in der Nacht verlor.

Unterwegs in Burma

Durch den Dschungel von My Son

Hätten mich die Hunde angefallen, mein Weg wäre dort, in den Wäldern um Nyaung U, zu Ende gewesen. Ich kann mich nicht erinnern, jemals so gelähmt vor Angst gewesen zu sein wie damals auf der endlos langen Straße in Zentralburma – weder in Paharganj, einem der düstersten Viertel Delhis, wo die Kopfgeldjäger zu Hause sind, noch in Varanasi, der Stadt des Todes, als ich in einem morschen Boot am Ufer des Ganges hockte und meinen Blick nicht von den auf Holzstößen brennenden Menschenleibern lösen konnte, und auch nicht in Mumbai, als ich um drei Uhr früh den menschenleeren Colaba Causeway entlangging, dort, wo einige Wochen zuvor zwei Terroristen eine Handgranate ins Café *Leopold* geworfen und mit Sturmgewehren ein paar Menschen umgelegt hatten. Nie mehr wieder fühlte ich eine solche Angst wie damals inmitten des Dschungels, als ich von wilden Hunden umzingelt war.

Reisen eröffnete mir die Möglichkeit, mein Leben neu zu ordnen. Zwischen atemberaubend schöner Natur und dem

Trubel von Metropolen, zwischen Begegnungen mit Gefahr und Tod fand ich, Schritt für Schritt, zur Langsamkeit zurück. Lässt sich Leben nicht auch als „Erkennen des Augenblicks" erklären? Havannas Malecón, jene atemberaubend schöne Küstenstraße, die von der Gischt des Ozeans zu jeder Tages- und Nachtzeit mit Milliarden Wassertropfen überzogen ist, der Grünstreifen Galle Face Green im Herzen von Colombo, am Ufer der Lakkadivensee, auf dem Kinder ihre Wünsche Papierdrachen anvertrauen und sie in den Himmel steigen lassen, oder der Lungomare, Uferweg zwischen Volosko und Lovran in der Kvarner Bucht von Istrien – wo habe ich nicht schon überall den Zauber der Stille entdeckt, die nichts mit Gleichgültigkeit oder Apathie zu tun hat, vielmehr mit der Erkenntnis: Lebe in der Gegenwart und sei offen gegenüber Neuem. Es braucht Gelassenheit, Dinge hinzunehmen, die nicht zu ändern sind, und es braucht Mut, Dinge zu ändern, die zu ändern sind. Aber wie viel Wissen braucht es, das eine vom anderen zu unterscheiden.

Die Brücke

Erst das langsame Reisen hat mich zum Reisenden gemacht. Erfahrung bringt Genauigkeit, Genauigkeit Erkenntnis, Erkenntnis Wissen und Wissen Erfahrung. Seither betrachte ich die Welt anders. Ein Gutteil der Faszination des Reisens ist der Tatsache geschuldet, dass ich zumeist alleine unterwegs bin. Wie oft überlasse ich mich dem Zufall! Kein Tag gleicht dem anderen und die Spontanität steigert die Freude am risikoreichen Spiel. Es ist spannend, einer Welt zu begegnen, mit nichts anderem im Gepäck als mir selbst.

Der Waldweg führt mich an einem ehemals bewirtschafteten Gasthaus vorbei, später an einem Bauernhof. Hier zweigt die Straße nach links ab, dann nach rechts – der nächste Aufstieg ist erreicht. Vor mir liegt die Hügelkette des Dschungels von My Son, nahe der Stadt Hoi An, in Vietnam. Ich kann mich

Welt im Schnee

nicht sattsehen an den Ruinen einer alten Khmer-Siedlung. Ich lasse den Jachthafen von Västerås an den Gestaden des Mälaren-Sees hinter mir. Hoch droben am Winterhimmel ziehen Möwen ihre Bahn, um später in der Nähe des Fracht-hafens in ihr Schlafquartier zurückzukehren. Ich wandere über die Budapester Champs-Élysées, die Andrássy út, in Richtung Heldenplatz, mache halt am „Haus des Terrors", der Gedenk-stätte unzähliger Holocaust-Opfer, und gedenke, zum wie-vielten Male, der Gerechten der Welt. Dann nehme ich auf einer der Parkbänke Platz, die sie in den Giardini della Bienna-le in der Nähe der Vaporetto-Station aufgestellt haben, genie-ße die wärmenden Strahlen der Frühlingssonne und verliere mich abermals in Gedanken.

Vielleicht bin ich ja auch nur deshalb ein Leben lang unter-wegs, um jenen Buben wiederzufinden, der das Rufen des Kuckucks mit dem Klimpern von Münzen beantwortet hat.

Fortgehen ist die beste Möglichkeit, um anzukommen. Der Unterschied zwischen einem Reisenden und einem Touristen ist: Der eine genießt, dass die Welt auf den Kopf gestellt ist, und der andere erschrickt vor dem Chaos des Ungewohnten.

Unter Reisen verstehe ich das Aufspüren unbekannter Plätze, versunkener Landschaften, vergessener Bräuche und – die Suche nach Menschen und ihren Geschichten. Das übermütige Lachen burmesischer Frauen, die Zufälligkeit der vom Wind geformten, riesigen Sanddünen entlang der pakistanisch-indischen Grenze, das Glucksen der Wasserwelt im Ibmer Moor in Oberösterreich, die Rufe der Halbwüchsigen am Nachtmarkt von Hanoi, das Grollen eines aufziehenden Unwetters an der Nordsee – Geschichten, die nur der versteht, der zu sehen und zu hören vermag.

Von der Straße in Richtung Albrechtskappe steige ich den Graben hinunter bis nach Sulzbach, von dort geht es zurück nach Hause. Der „Einser" hat mich einmal mehr in weitem Bogen rund ums Dorf geführt. Währenddessen hat es zu schneien begonnen. Wie lange bin ich schon unterwegs? Die Wege sind jetzt mit einer kuscheligen Decke aus Neuschnee überzogen. Frau Holle schüttelt ihr Bettzeug aus, und die Bäume und Häuser versinken unter der weißen Last. Langsam stapfe ich über verschneite Wege, zurück über die kleine Brücke, auf deren Handlauf jetzt die Eiskristalle wie Wattebäuschchen festkleben. Nicht lange, und die Welt schmückt sich erneut mit Farbe, die Himmelschlüssel recken neugierig ihre Köpfe aus der Erde, die Osterglocken blühen unten am Bach und ich, ich werde es nicht erwarten können, erneut meinen Rucksack zu packen, Geschichten zu sammeln, und die Welt in all ihrer Vielfalt zu entdecken. Schritt für Schritt.

Die Welt entdecken
EIN PAAR GEDANKEN ZUM BUCH

Meine Reisen haben mich quer über die Kontinente geführt. Von Vietnam bis ins benachbarte Bratislava, von den Färöer-Inseln bis nach Kuba. So unterschiedlich sie waren, eines blieb doch immer gleich: meine Neugier auf Begegnungen und meine Freude über Unerwartetes. Mein erster Blick gilt stets dem geografischen Umfeld und den politisch-sozialen Zusammenhängen, der zweite sinnlichen Erfahrungen. Ich suche Landestypisches. Ich möchte ein Land verstehen können, begreifen, im wahrsten Sinne des Wortes. Nie sind es Hits und Highlights, Must-sees und Must-haves, nach denen ich Ausschau halte, mich interessiert Regionales. Ich möchte essen, was man isst, lachen, worüber man lacht, und staunen, worüber man staunt. So erfahre ich Leben und entdecke Geschichten. Die Momentaufnahmen meiner Begegnungen ergeben ein Kaleidoskop bunter Kristalle, die, zusammengefügt, ein einzigartig aufregendes Mosaik ergeben.

Machen Sie es sich also auf Ihrem Sofa bequem und lassen Sie sich von mir entführen. Meine Worte und Ihre Träume lassen uns die Welt entdecken!

Wer schon vorweg einen Blick hinter die Kulissen meiner wöchentlichen Reiseerzählungen im Rahmen der ORF-Sendung *Studio 2* werfen möchte, der blättere auf Seite 244 vor, zäume den Pegasus verkehrt herum auf und nehme auf seinen Schwingen Platz. Die Realität einer Live-Sendung wird ihn bald schon zur Erde zurückführen – nicht allerdings ohne so manch neue Erfahrung von der Himmelsreise mitzubringen.

Ich wünsche Ihnen spannende Entdeckungen!

Elsass —

Bilbao —

Lissabon —

Kuba

Marrakesch —

Antwerpen

Amsterdam

Stockholm

Berlin

Prag

Cornwall

Bratislava

Färöer

Budapest

Istanbul

Mallorca

Jaisalmer

Hanoi

Athen

Opatija

Burma

Ligurien

Ljubljana

Am Ende der Welt
DIE FÄRÖER-INSELN

Achtzehn baumlose Inseln liegen wie Steine im
Ozean, südöstlich von Island, nördlich von Großbritannien, bewohnt von fünfzigtausend Fischern
und fast doppelt so vielen Schafen. Kein Wunder –
das Wort „Färöer" bedeutet „Schafsinseln". Der Rest
sind Seevögel.

Felswände, wie von Grafit geschwärzt, stürzen steil hinunter
in den Nordatlantik. Die Weiden sind grün, dass die Augen
schmerzen. So viel Natur ist man nicht gewöhnt. Die Zeit
hält den Atem an. Auf den Dächern der Hauptstadt Tórshavn
wächst Gras, in den Kühltruhen der Geschäfte liegen tiefge-
frorene Papageientaucher und der Wind droht den Fremden
zu verwehen.

Vergiss alles, Wanderer, was du über die Welt weißt – hier
auf den Färöern ist nichts so wie anderswo. Die Möwen, die
über dem Westhafen von Tórshavn schweben, blicken mit
kalten Augen auf die reiche Beute der letzten Nacht, die an
Bord der kleinen Fischkutter in Kisten verstaut ist. Zipfelmüt-
zenkinder verstecken sich wie vorwitzige Kobolde hinter Kaimauern und Hausecken, kaum dass sie der wenigen Touristen
ansichtig werden, und die Fischer, die Nacht für Nacht auf
rauer See ihre nasse Arbeit verrichten, hocken reglos auf der
Mole und schütten Gallonen von „Föroya Bjór" (Bier) in sich
hinein, erleichtert, den neuen Morgen erlebt zu haben. Hinter

Unterwegs auf den Schafsinseln

jedem Haus verbergen sich schaurige Sagen. Von Robben und Meerjungfrauen erzählen sie, von Ewigkeit und Sehnsucht. Die Färöer liegen viel zu weit hinter dem Horizont verborgen, als dass sie eine Verbindung zum Rest der Welt hätten. Trotzdem die Inseln ein eigenständig verwaltetes Gebiet sind, stehen sie unter dänischer Kronherrschaft – die eigene Flagge haben sie sich bis heute bewahrt, ganz zu schweigen von der Autonomie des Fischfanges. Werden Wale vor den Buchten gesichtet, läuten die Mobiltelefone. Dann beenden die Färinger ihre Arbeit, sogar die Gottesdienste werden unterbrochen und die Fischer erobern das Nordmeer. Möglichst viele Boote versuchen möglichst viele Wale einzukreisen, um sie in die nächste geeignete Bucht abzudrängen. Das Gemetzel beginnt, und das „Brot der Färöer" wird eingebracht – immer unter Aufsicht der Seetrolle, die hoch droben auf den Klippen hocken und keckernd die Männer zu ihrem grausamen Tanz um Tod und Leben anstiften.

Was man sehen muss

❯ Die Gongingasse in Tórshavn
Hinter jeder Ecke lauern
Kinder und Trolle.

❯ Regierungsviertel auf der winzigen Halbinsel Tinganes
Abtauchen in Anderswelt

❯ Vogelfelsen von Vestmanna
Schroffe Felsen, keckernde Seevögel:
Naturspektakel am Meer

❯ Von Streymoy nach Vágar
Der Tunnel führt unterhalb der
Nordsee hindurch.

❯ Die sagenhaft schöne Insel Nólsoy

DIE VÖGEL VON NÓLSOY

Ich stehe auf der MS *Ritan*, dem einzigen Fährschiff, das die Überfahrt von der Insel Streymoy nach Nólsoy wagt. Kommt einem die Hauptstadt Tórshavn schon wie ein Freilichtmuseum vor, drüben wird's um einiges skurriler. Die See ist rau. Nicht umsonst hängen alle naselang Karabiner an der Reling des Schiffes. Sie helfen dem wetterungeübten Passagier an Bord zu bleiben. Man kettet sich besser an, dann erst legt der Käpt'n ab.

Willkommen
auf Nólsoy

Zwei gekreuzte Knochen stechen drüben ins Auge. Sie markieren den Ortseingang. Auch in Mombasa stehen solche Dinger herum, dort aber sollen sie Elefantenzähne darstellen. Auf Nólsoy ist alles echt, zumindest behaupten das die etwas mehr als zweihundert Inselbewohner. Es handelt sich um die Kieferknochen eines Pottwales, die den Besucher schon von Weitem grüßen. Der winzige Flecken am Ende der Welt verdankt den Namen jenem Mann, der seinen Allerwertesten hier als Erster zur Ruhe setzte – ein gewisser Sir Nól.

Ich gehe durch den Ort. Einige wenige Holzhütten stehen dicht an dicht gedrängt und das ist gut so – der Sturm hätte sie sonst längst zu Kleinholz gemacht. Im Fenster eines der bunten Häuschen entdecke ich das, was man hier am häufigsten antrifft: Vögel. Die Tiere in Jens-Kjeld Jensens Auslage aber sind schon lange nicht mehr von dieser Welt, sie sind ausgestopft. Meister Jensen ist nicht nur Präparator, sondern auch Hobbyornithologe. Nacht für Nacht führt er Wissbegierige an die Steilklippen, dorthin, wo seine Lieblinge rasten und brüten, und erzählt fantastische Geschichten. Nach den Vögeln befragt, gibt er gerne Auskunft: Am liebsten mag er die putzigen Tierchen geschmort in Rotwein.

KULINARISCHES

Wer sich zu Hause von Fast Food, Fish & Chips oder Instant Noodles ernährt, bleibt besser daheim. Hier isst man anders. Ganz anders. Kein Wunder, dass sich Küchenkünstler aus aller Welt auf den Faröern nicht einkriegen vor Begeisterung. Seit jeher gilt Fischen und Jagen als die Grundlage lokaler Nahrungsbeschaffung. Jagdglück aber ist wankelmütig, also war die fachgerechte Aufbewahrung des Beutegutes immer schon von entscheidender Bedeutung. Gemüse wird eingeweckt: Meeresportulak (eine Art Grüngemüse), Kuckucksblume, Rentierflechte und Topinambur. Der Gout der Gärung verklärt hiesige Gaumen. Schafe und Fische werden an die Leine gehängt, gleich neben der Wäsche. Der unnachahmliche Geschmack, der durch den Prozess des Fermentierens und Lufttrocknens entsteht, nebst der Philosophie, zu verwerten, was die Natur bietet, macht die Küche der Färöer außergewöhnlich. Auf den Speisekarten der Restaurants steht nicht umsonst: Fermentierter Kabeljau mit Sauerampfer. Darunter: Lammdarm auf Senf und Kraut. Noch Fragen?

WASSER IST LEBEN

Ich will nach Gjógv, dem letzten Ort an der Nordostküste der Insel Eysturoy. Links von mir verbergen sich die schwarzen Felsen von Funningur hinter einer dicken Wolkenschicht, rechts fallen Klippen senkrecht in die schäumende See. Die Straße windet sich den Slættaratindur hinauf, den mit achthundertachtzig Metern höchsten Berg der Färöer. Wiesen, Matten, Weiden. Kein einziger Baum. Dafür Tausende Schafe, als wäre die Welt schwarz-weiß gefleckt. Seit Jahrhunderten schon stehen sie da, scheinbar reglos, und fressen das dickhalmige Gras. Eine letzte Kurve. Der Ausblick raubt mir den Atem.

← Villa in Gjógv

↓ Auf den Faröern hält die Zeit den Atem an.

Gjógv besteht nur aus wenigen Häusern, auf deren Dächern aber setzt sich das Weideland fort. Wellen und Wind haben die Küste geformt. In einem scharfen Taleinschnitt liegt der winzige Naturhafen. Über Schienen hieven Trolle die Boote ins Wasser, um sie gleich darauf in der schäumenden See zu versenken. Zumindest raunt man sich das so zu. Der Ort erscheint wie ausgestorben. Stille. Nur der Wind erzählt von alten Sagen. Manchmal vermeint man Seeteufelchen beim Lachen zuzuhören – wahrscheinlich über jene Streiche, die sie den Menschen seit jeher spielen.

Ein Mann steht da und gießt das Gras, das auf dem Dach seines Hauses wächst. Hier, wo es mehr regnet als sonst wo auf der Welt, wo Windböen das Wasser aufwärts fließen lassen und man vor lauter Nebel blind ist, sprengt ein Zwerg sein winziges Reich.

Im Hafen der Trolle

„Warum tust du das?", frage ich auf Englisch.

Der Kleine sieht mich verwundert an. „Wasser ist Leben", sagt er.

„Und davon hast du nicht genug?"

„Doch. Aber ich will mehr haben."

„Und dann, wenn du alles Leben hast, was dann?"

„Dann kann ich sterben. Dann bin ich glücklich." Sagt's und wendet sich dem grasgrünen Dach seiner Hütte zu.

Es hat wieder zu regnen begonnen. Ich frage: „Ist dies hier das Ende der Insel?"

„Nein", sagt er, „es ist der Beginn." Er blickt hinaus übers Meer. Und dann, dann sagt er nichts mehr. So und nicht anders hört sie sich an, die letzte Antwort auf die letzte Frage – am Ende der Welt.

Von Steinen, Schmökern und Schinakeln

Flandern, eine der drei Regionen Belgiens, befindet sich im nördlichen Teil des Königreiches. Rund achtzig Kilometer von der Nordsee entfernt, scheldeaufwärts, liegt der Hafen von Antwerpen. Gemessen am Ladeaufkommen ist er der zweitgrößte Hafen Europas, weltweit die Nummer siebzehn.

Im Jahre 2020 betrug der Frachtgutumschlag zweihunderteinunddreißig Millionen Tonnen. Riesige Schinakeln aus Singapur und Hongkong liegen hier vor Anker, überdimensionierte, aus der Form geratene Container-Monster. Die Ladekapazität eines dieser Giganten entspricht dreihundertachtzig LKW-Zügen – und das sind nicht mal die größten Pötte. In koreanischen Werften wird bereits an über sechshundert Meter langen Schiffen gebaut. Die Treibstoffmenge, die nötig ist, solche Kähne um die Welt zu schieben, ist unvorstellbar.

In der Hafenanlage Antwerpens stehen sowohl Windräder als auch die Kühltürme eines Atommeilers. Die Frage nach Pest oder Cholera stellt sich nicht, eher schon die nach Profit. An den Engstellen der Einfahrt stauen sich die Kähne. Vorfahrt

Am Grote Markt

hat der, der mehr Bruttoregistertonnen vor der Schraube hat, also reihen sich die Kleinen hinter den Nicht-ganz-so-Kleinen, die Großen hinter den Größten ein – wie Entenküken hinter Mamas Bürzel.

Betritt man die Stadt vom Wasser aus, landet man in der sündigen Meile des Hafenviertels, wo Damen jeglichen Alters in Schaufenstern stehen und frech die neugierigen Blicke der Seebären erwidern. Später werden die Männer in der Liebfrauenkirche ihr Gewissen erleichtern und Gott Neptun um Sündenerlass bitten.

Im Schokolademuseum kommen andere Feinspitze auf ihre Kosten, während nebenan, auf den Diamantbörsen, der Wert glitzernder Steine steigt oder fällt. Nicht weit vom Klunkerviertel entfernt steht die Wiege des wohl bedeutendsten Sohnes der Stadt, Peter Paul Rubens, und noch ein paar Gassen weiter befindet sich das wohl schönste Buchdruckermuseum der Welt. Die Werke der größten flämischen Maler wurden hier auf Pergament und Bütten verewigt. Der Charme und der kulturelle Reichtum der Millionenstadt, deren Zentrum immer noch wie ein großes Dorf wirkt, ziehen die

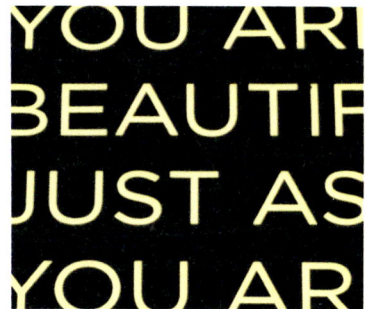

Besucher magnetisch an. Beeindruckende Museen, moderne Architektur, mittelalterliche Gassen, schicke Boutiquen und Restaurants – der Zauber Antwerpens erschließt sich jedem.

Flandern und Flanieren – das gehört zusammen wie Schelde und Schippersstraat. Am besten, man plant gleich ein paar Zusatztage ein, lässt sich treiben und genießt das süße Angebot der alten Kaufmannsstadt: Moules et frites (Miesmuscheln mit Pommes), Seefbier (die Rezeptur des exklusiven Bierchens stammt aus dem 16. Jahrhundert) und Antwerpse Handjes (süß-salzige „Händchen" – Cookies, Kekse, Knabbereien). Die Stadt hat von allem viel zu bieten, vor allem aber für alle etwas. Welkom in Vlaanderen!

Antwerpener
Street Art

VON KLUNKERN UND FLUNKERN

Kaum nähert man sich per Schiene der Stadt, ist man auch schon mittendrin. Der imposante Kopfbahnhof ist eingekeilt zwischen Zoo, Stadspark und ein paar unscheinbaren Gassen, die es im wahrsten Sinne des Wortes in sich haben. Unauffällige Männer schlendern scheinbar gleichgültig von Geschäft zu Geschäft, prall gefüllte Geldkuverts wechseln ihre Besitzer, die Herren lüften ihre Melonen oder Stetsons (Turbane, Fez oder Kippas verbleiben auf den Köpfen), treten hinaus aufs holprige Pflaster, drücken sich diskret in Hauseingänge, wo sie die neuen Scheinchen durch die Finger laufen lassen, nicken einander zu und entfernen sich raschen Schrittes. Flamen, Juden, Armenier, Inder, Russen, Angehörige verschiedenster Ethnien und Menschen verschiedenster Hautfarben kaufen und verkaufen, handeln oder lassen handeln. Seit mehr als fünfhundert Jahren liegt das Zentrum des Diamantenhandels im düsteren Viertel rund um die Centraal Station. Die Rijfstraat, Hoveniersstraat oder Schupstraat sind die wohl am besten bewachten Gassen der Welt. Die Herren, die hier geschäftig die Fassaden entlanghuschen, tragen Millionen in ihren Aktentaschen herum. Knapp achtzig Prozent aller Rohdiamanten und die Hälfte aller geschliffenen Diamanten weltweit wechseln hier ihre Besitzer. Die Straßen sind mit Pollern und die Hausecken mit Überwachungskameras bestückt, alles nicht unauffällig, aber das soll wohl auch so sein. Man fühlt sich wie in einem Francis-Ford-Coppola-Blockbuster.

Freilich darf hier jedermann durch die Gassen spazieren, ich würde aber davon abraten, einen der Passanten nach dem Weg zu fragen. Kaum einer, der nicht schwer bewaffnet ist. So einfach das Planquadrat zu betreten ist, so rasch verlässt man es liegend. In die Vestingstraat oder in die Lange Herentalsestraat wagen sich nur dann und wann ein paar schüchterne Touristen vor, um ein Erinnerungsstück für ihre Liebsten zu erwerben. Alle anderen Besucher des Diamantenviertels machen große Geschäfte. Vorsicht also!

Der Antwerpener Hafen hatte einst großen Anteil daran, dass sich die Stadt an der Schelde zu einem der wichtigsten europäischen Umschlagplätze für „Waren aller Art" entwickelte. Die Klunker, an denen mindestens so viel Schweiß wie Blut klebt, kamen aus den Kolonien, aus dem Orient, Afrika oder Südamerika. Seit damals läuft das Geschäft. Neben dem Handel aber blühte hier immer auch schon das Handwerk, müssen die Steine doch geschliffen und gefasst werden – und das am besten gleich vor Ort.

Etwa sechsunddreißig Milliarden Dollar beträgt der jährliche Umsatz. Täglich landen schwer beladene Maschinen am nahen Cargo-Flughafen, Autokolonnen setzen sich in Bewegung und liefern die Pakete unter Aufsicht unzähliger Securities zu den auffällig unauffälligen Adressen des Bahnhofsviertels. Im AWDC (Antwerp World Diamond Centre) werden die Steine geprüft, zertifiziert und verzollt. Erst dann bringt man sie in versiegelten Boxen zu den Händlern, die

Centraal Station:
Antwerpens
Hauptbahnhof

die Ware den „Diamantbüro-Experten" vorlegen. Nirgendwo sind die Kontrollen strenger als in Antwerpen. Das „Kimberley-Zertifikat" bescheinigt, ob die Steine legalen Ursprungs sind und zu fairem Preis ver- und gekauft wurden. Wird kein Zertifikat ausgestellt, platzt das Geschäft. Die Prozedur stellt sicher, dass Konfliktdiamanten von legalen getrennt werden. Erst dann landet der Klunker in den mit Samt ausgeschlagenen Köfferchen der Händler – indes das Bare von Hosentasche zu Hosentasche wandert.

Museen

> ### Rubenshuis
> Im Wohnhaus eines der größten Maler aller Zeiten taucht man in die Entstehungszeit seiner Meisterwerke ein.

> ### Red Star Line Museum
> Geschichten über Auswanderer, Schifffahrten ins Exil und den Neubeginn in der Fremde

> ### Chocolate Nation
> Das spektakuläre Schokolademuseum in der Hauptstadt der Schokolade

> ### MAS – Museum aan de Stroom
> Ein sechzig Meter hohes Speicherhaus, vom Keller bis zum Dach befüllt mit Stadtgeschichte

> ## Rathaus
> Belgiens wichtigstes Renaissance-gebäude ist häufig mit den sieben-undzwanzig Fahnen der EU-Länder geschmückt.

> ## Centraal Station
> Der Prachtbau gleicht der Pariser Opéra Garnier.

> ## Chinatown
> Das Land des Lächelns misst zwar nicht mehr als ein paar Gassen im Quadrat, ist aber mindestens so geschäftig wie das Mutterland.

> ## Diamantenviertel
> Weltweit größter Umschlagplatz der schönen Steine

> ## Liebfrauenkirche
> Bedeutendstes gotisches Bauwerk Flanderns

> ## Sint-Annatunnel
> Knapp sechshundert Meter quer hindurch unter der Schelde

DAS ENTSCHEIDENDE BISSCHEN

Das Plantin-
Moretus-Museum

Am Vrijdagmarkt 22, im ehemaligen Wohnhaus des Buchbin-
ders Christoffel Plantijn, der Mitte des 16. Jahrhunderts von
Frankreich aus nach Antwerpen kam und es innerhalb weniger
Jahre zu einem der führenden Buchdrucker Europas brach-
te, befindet sich ein Museum der besonderen Art: das edle
„Plantin-Moretus". Hier dreht sich alles um den Buchdruck.
Maschinen, Einbände, Setzkästen, Atlanten, Farbdrucke. Die
Wände sind allesamt mit Leder tapeziert. Allein der Geruch ist
atemberaubend. Geruchsfetischisten kommen hier auf ihre
Kosten. Der Nasensinn ist der älteste Sinn des Menschen. Er
wirkt direkt auf das Gehirn, wo die Erinnerung an angeblich
mehr als zehntausend verschiedene Düfte gespeichert ist.
Gefühl und Geruch sind enge Verbündete, und nichts prägt
das Äußere eines Menschen mehr als dessen Nase.

Nach dem Erwerb eines Tickets wittere ich einen ebenso erdigen wie wertvollen Duft, der durch die Ausstellungsräume wabert, als befände man sich eingeklemmt zwischen Buchdeckeln: Leder. Zahlreiches Bildmaterial und Animationen veranschaulichen die Zeit, in der der Meisterdrucker Plantijn lebte. Was Steve Jobs für unsere Zeit geleistet hat, hat der schlaue Fuchs vor vierhundert Jahren geschafft – die Welt der Kommunikation neu zu erfinden. Gutenberg war für die Hardware zuständig, der Druckerkönig indes kümmerte sich um die Software. Von seinem Haus im Herzen Antwerpens aus hat er der Buchwelt ein neues Aussehen geschenkt: Der erste Atlas, das erste (niederländische) Wörterbuch, ein prächtiges Rechenbuch mit Dezimalzahlen, ein Werk mit naturgetreuen botanischen Farbtafeln und die zwölf Meter (!) lange Darstellung des Trauerzuges von Kaiser Karl V. stammten aus seiner Werkstatt. Als Meisterstück gilt die in Latein, Griechisch, Hebräisch, Altsyrisch und Chaldäisch verfasste Königsbibel *Biblia polyglotta*. Die Welt wäre eine andere geblieben, hätte Plantijn sie nicht zwischen duftenden Ledereinbänden verewigt und sie solcherart um das entscheidende Bisschen weitergedreht. Das Geheimnis des Lernens, Wissens und Begreifens lag in den Händen eines Buchdruckers.

↖ Lederwand-
detail

↑ In der Welt
der Bücher

Nicht daheim und doch zu Hause

DIE SLOWAKISCHE HAUPTSTADT BRATISLAVA

Fährt man vom Westen Wiens zum Vienna Airport, ist der Weg beinahe gleich weit wie von dort bis in die slowakische Hauptstadt. Was Wunder, der eingefleischte Hauptstädter nahm „Pressburg" immer schon als einen Außenbezirk Simmerings wahr.

„Es is eh ollas ans", sagt der Grantler, und der Motschgerer ergänzt: „Schau ma mal, dann hamma's glei." Bratislava befand sich, wie viele andere Kleinmetropolen auch, allzu lange im Vorzimmer Österreich-Ungarns. Als Folge des Ersten Weltkrieges gehörte die Stadt an der Donau zunächst der Tschechoslowakei an, zwanzig Jahre danach wurde sie von Hitlerdeutschland überrollt, um später in stalinistische Umklammerung zu geraten. 1993 wurde Bratislava Hauptstadt der autonomen Slowakischen Republik. Dem echten Wiener fiel dies nicht weiter auf, für ihn blieb „Pressburg" das, was es immer schon war: ein Vorort Wiens. In Erdberg stieg man in die Tramway und eine gute Stunde später verließ man sie wieder – ein paar Stationen nach der Haltestelle Radetzkybrücke.

Tatsächlich ratterte die Elektrische einst donauabwärts. Für Kulturbummler schob man sogar einen eigenen „Theaterzug" ein: Nach Beendigung der Vorstellung kehrten Herr und Frau Pressburger in die Kapucínska oder Baštová zurück, während die Wiener Herrschaften in die Kettenbrückengasse oder an die Roßauer Lände retourfuhren. Sie alle fühlten sich wie zu Hause, kein Wunder, in halb Europa standen idente Theater- und Opernhäuser, dem Architektenbüro Fellner & Helmer sei Dank. Ob Bratislava, Odessa, Hamburg, Zagreb oder Wien: Parterre, Logen und Sperrsitze glichen einander wie die Eier derselben Bruthenne, von den Putten und Engerln auf Balkonen und Balustraden ganz zu schweigen.

Am Fuße des
Burgberges

Wien und Bratislava verbindet aber auch noch ein anderes, gerüchtehalber blaues Band: die Donau. Daran aufgefädelt wie Perlen glänzen Bruder W. und Schwester B. einträchtig nebeneinander. Eine Wiener Träne vermählt sich bald schon mit dem in Pressburg vergossenen Pendant – die Reise bis zum Schwarzen Meer legen beide dann gemeinsam zurück. Bratislava ist eine in ihrer Größe überschaubare Stadt, die den Vergleich mit ihrem nahen Verwandten nicht zu scheuen braucht. Die Häuser gleichen einander aufs Haar, die Kaffeehäuser und Gaststuben sind vom selben Baumeister erbaut, und die Gassen sind mehr als bloß artverwandt.

Nur mit der Sprache hapert's. Ist für den Ostösterreicher bereits das Burgenländische unverständlich, beim Slowakischen kapituliert er: Fritattensuppe heißt dort Palacinková polievka und unter „rezeň" versteht man Wiener Schnitzel. Nur beim Gulasch gibt's keine Probleme, das heißt hüben wie drüben gleich. Eine Reise nach Bratislava ist für den gelernten Wiener mehr als nur zu empfehlen: „Nicht daheim und doch zu Hause", würde man in Abwandlung von Peter Altenbergs berühmtem Zitat sagen. Dem Dichterwort ist nichts hinzuzufügen. Wie zumeist.

❯ Die Burg

Maria Theresias Prunk und Pracht und eine an klaren Tagen prächtige Aussicht bis nach Schönbrunn. Kaisers wussten zu leben.

❯ Am schönsten ist Bratislava vom UFO aus:

Auf der Spitze der Neuinterpretation des Koloss von Rhodos befindet sich oberhalb der großen Donaubrücke ein um die eigene Achse rotierendes Restaurant.

❯ Die Blaue Kirche

Auf kaum ein anderes Gebäude ist die Stadt an der Donau stolzer als auf das Jugendstiljuwel.

❯ Spazieren am Ufer der Donau

Vom Nationaltheater bis zur Philharmonie und weiter zur Nationalgalerie

❯ Rund um die **EUROVEA Galleria**,

bestehend aus Shops, Cinema und Take-aways, gibt sich Bratislava stylisch.

DIE HEIMLICHE BRAUT

Meist betritt man das Zentrum von Bratislava durch das Michaelertor, eines der dienstältesten Gebäude der Stadt. Die davor liegende Zugbrücke flankieren zwei Statuen: die des Erzengels Michael und jene des Heiligen Johann von Nepomuk. Keine schlechte Wahl: Mit dem Namen Michael kann sich der nimmermüde Reisende identifizieren, und Johann Nepomuk (Nestroy) ist sowieso sein Lieblingsautor. Dem Eintritt in die heimelig anmutende City steht nichts mehr im Wege. Aber Achtung, die idyllischen Gassen haben es in sich, sind sie doch mit Katzenkopfpflaster belegt – bei feuchtem Wetter stolpern die Ortsunkundigen über ihre eigenen Füße. Bierlokale und Bars, Bürgerhäuser und Barockpalais, die Stadt platzt vor Geschäftigkeit. Man schaut, shoppt und wundert sich: Bratislava hat sich längst zu einem Welt-Dorf gemausert. Kaum eine internationale Marke in Sachen Fashion, Hi-Fi oder Design, die nicht heimisch wurde zwischen Staromestská und

Sozialistische
Gruselarchitektur

Štúrova. Restaurants und Bistros sind voll und die Klubszene kocht – Nacht für Nacht wummern coole Beats auf den Turntables der DJs.

Über den schönen Hviezdoslavovo námestie spazierte einst die Hautevolee des Fin de Siècle: In Frack und „großem Schwarzen" nahm man in schattigen Terrassencafés Platz, tuschelte und ließ sich betuscheln. Und auch heute noch genießt hier „tout le monde" Eiskaffee und Mehlspeise, klatscht und tratscht, ereifert sich über die unzähligen Touristen und gehört letztlich doch selbst dazu. Man schlendert an prächtigen, im Stil des Spätbarock der maria-theresianischen Zeit erbauten Stadthäusern vorbei, bestaunt die vielen Rokokopalais, besonders das des amtierenden Staatspräsidenten, besucht Kirchen, Museen und Galerien und wundert sich über die Ausreißer sozialistisch-stalinistischer Gruselarchitektur in unmittelbarer Nähe zur prachtvollen Altstadt. Das alles macht Bratislava aus – jene bildhübsch feudale, abgrundtief hässliche, verschwenderisch reiche, heimlich offizielle Braut der alten Kaiserstadt Wien.

↖ Stalinistische Umarmung

↑ Hviezdoslavovo námestie

EIN UNTERIRDISCHER ORT

„Oberländer" nannte man auch die Jüdinnen und Juden der Slowakei, solange das Land Bestandteil des ungarischen Königreiches war. Felföld hieß es (slowakisch: Horná zem, deutsch: Oberungarn oder Oberland). Rund hunderttausend von ihnen fielen dem Holocaust zum Opfer. Heute zählt die jüdische Gemeinde in Bratislava nicht mehr als achthundert Gläubige. Erst Mitte der 1960er-Jahre wurde dort, wo die alte

Gedenken!

Synagoge stand, zu Füßen der St.-Martinskirche, ein Mahnmal errichtet. Und erst knapp zwanzig Jahre ist es her, dass man sich zu einem gesetzlichen „Gedenktag für die Opfer des Holocaust und von rassistischer Gewalt" durchrang. Bis heute aber erhielten die Opfer keinerlei staatliche Entschädigung für die an ihnen und ihren Familien verübten Verbrechen.

Ich stehe vor Fotos, Reliefs und den in Marmor geritzten Darstellungen der alten Synagoge und bin sprachlos, wie meistens, wenn ich mit dem Schrecken vergangener Tage konfrontiert bin. Rings um mich: Alltagsleben. Das Mahnmal steht an jener großen Brücke, die die Donau überspannt, dort, wo die Touristen aus den Bussen klettern und die Altstadt betreten. Man hat es gut getarnt, so gut, dass man es erst nach einigem Suchen findet. Ich stehe, lese, suche, finde: jüdische Stadtgeschichte. Die Aufarbeitung hat hier, wie auch anderswo, viel zu spät begonnen.

Ich folge der Brückenunterführung und gelange an eine Mauer, die über und über mit Graffitis bedeckt ist, passiere Fratzen, Buchstaben und Zeichen, erreiche ein Baustellenlabyrinth, klettere über Absperrgitter, steige über Gruben und befinde mich alsbald am Rande einer viel befahrenen Straße. Autos brausen an mir vorüber. Gehsteig gibt's hier keinen. Stattdessen: Straßenbahngeleise. Ich gelange zu einem

NICHT DAHEIM UND DOCH ZU HAUSE

Fußgängerübergang. Rechts ragt der mächtige Burgfelsen in den Himmel. Unmittelbar vor mir liegt ein Tor, das bis oben hin mit einem Drahtgeflecht vermacht ist, gleichwohl aber offen steht. Ein langer, schmaler Gang aus grauschwarzem Granitstein führt auf eine Rampe. Querrillen sind über den Asphalt gezogen, als wollten sie den Weg versperren.

„Hier können Sie nicht rein!"

Ich erschrecke.

„Bleiben Sie stehen!", höre ich die Stimme eines alten Mannes, der sich hinten, in Deckung einer Mauer, verbirgt.

„Und weshalb?", frage ich.

„Dies ist ein heiliger Ort. Und Sie sind kein Jude."

„Woher wissen Sie das?"

„Sie tragen keine Kippa. Würden Sie, wüssten Sie."

Gedenkstätte
Chatam Sofer

„Ich habe sie vergessen", antworte ich.

„Juden vergessen nicht", sagt der Alte, der sich jetzt aus der Dunkelheit löst. Der Gang befindet sich am Fuße des mächtig hohen Felsberges. Langsam kommt der Wächter auf mich zu.

„Okay", sage ich, „ich bin Vierteljude."

„Das gibt es nicht. Eine Frau ist auch nicht viertelschwanger. Sie ist es, oder sie ist es nicht." Der Mann trägt einen weißen Bart, seine bloßen Füße stecken, trotzdem es kalt ist, in Sandalen. Offensichtlich hat er mich als harmlos erkannt, denn jetzt sagt er: „Radl draht sich, Madl naht sich, aber Zeit bleibt nicht stehen." Er geht den Gang entlang und ich folge ihm. Vorne, beim Eingang, drückt er mir ein Samthütchen in die Hand.

„Aufsetzen!"

Ich tue es.

„Kommen Sie", sagt er.

Ich betrete eine unterirdische Welt, weit unterhalb der Straßenbahngeleise, die die Haltestellen Chatam Sofer und Kapucínska verbinden und den Burgfelsen unterqueren.

Im Haus der Ewigkeit

„Beton und Stahl", sagt der Alte und deutet auf die bedrohlich herabhängende Decke des Raumes. „Über das ‚Haus der Ewigkeit', in dem unsere Toten liegen, fährt nun die Straßenbahn. Auch a Möglichkeit."

Er betätigt einen Schalter. Grelles Licht. Der Raum beherbergt den Überrest des Friedhofes, der einst sechstausend Gräber der jüdischen Gemeinde Pressburgs umfasste. Mich fröstelt. Lange war der Ort unter einer Betonplatte verborgen, bis sich Bratislava dazu entschloss, ihn für heilig zu erklären.

Ich gehe zwischen den Gräbern herum, während mich der Alte nicht aus den Augen lässt.

„Legen Sie einen Stein auf dieses Grab."

Ich tue es.

„Hier ruht der Großvater von Karl Marx und dort der von Heinrich Heine. Im schensten Grab aber liegt Moshe Schreiber, auch bekannt als Chatam Sofer, nachdem der Ort benannt ist. Er war dreiunddreißig Jahre lang Oberrabbiner der Stadt. Und jetzt gehen Sie! Ich erwarte eine Gruppe Amerikaner. Sie sollten Sie nicht sehen."

„Weshalb?", frage ich. „Ich dachte, der Platz ist öffentlich."

„Das wohl. Aber Sie sind nicht mehr als ein Viertel wert."

Er steigt die Treppe hinauf und verschwindet, so plötzlich, wie er gekommen ist. Ich finde den Weg nach draußen alleine.

> Was haben der „Gaffer", der „Paparazzo" und der „Schöne Náci" gemeinsam? Es sind **Bronze-Denkmäler** in den Straßen der Altstadt, wobei Ersterer aus einem Gulli blickt, der Zweite, verborgen von einer Hausecke, so manchen Schnappschuss riskiert und der Dritte seinen Hut vor vorübergehenden Damen zieht: Street Sculpture à la Bratislava.

> Was dem Kongolesen das Chikwangue (eine in ein Blatt gewickelte Maniokknolle) und dem Schotten sein Haggis (mit Innereien gefüllter Schafmagen), sind dem Pressburger die **Bryndzové halušky** (Spätzle mit Brimsen). Versuchen Sie nicht, dieser kulinarischen Kalorienbombe zu entgehen – spätestens in der nächsten Kneipe holt sie Sie ein.

> Im Palais Pálffy, der **„Galerie der Stadt Bratislava"** ist ein erstaunliches Kunstwerk des Künstlers Matej Krén zu bewundern: die Illusion des unendlichen Raumes, geformt aus Büchern. Raffiniert angebrachte Prismenspiegel ermöglichen das Wunder.

Zwischen den Welten
ISTANBUL – STADT AM BOSPORUS

Da der Weg in Richtung Ferne meist über den Himmel führt, hat man für die Annäherung an Istanbul die ikarische Qual der Wahl: Die Stadt besitzt drei Flughäfen. Wo man allerdings türkischen Boden betritt – diese Entscheidung wurde längst von anderen gefällt.

Der Atatürk Airport platzte aus allen Nähten, also dient er heute nur noch Regierungsjets und dem Cargo-Nachschub. Eine fröhliche Kombination. Auch die Kapazität des auf der asiatischen Seite gelegenen Sabiha-Gökçen-Flughafens reicht schon lange nicht mehr aus. Aus Not wurde großes Kino: Im Nordwesten Istanbuls entstand vor Kurzem der Five-Star-Airport Havalimanı. Glaubt man dem Ranking amerikanischer Fachzeitschriften, ist er bereits die Nummer zwei unter den weltbesten Flughäfen. Rund hundertfünfundneunzig Milliarden Türkische Lira machte die „präsidiale Demokratie" für den Jahrhundertbau locker. Das musste sie wohl auch, erreicht doch die jährliche Passagierfrequenz bald schon die Zweihundert-Millionen-Marke. Erdoğan kleckert nicht. Eine brandneue Autobahn wurde ebenso aus dem Boden gestampft wie ein paar Bus- und Bahnlinien sowie ein flughafeneigenes Taxiunternehmen.

↑ In anderen
Welten

↗ Am Basar für
alle Fälle

→ Galata-Brücke

Istanbul rollte seinen Besuchern immer schon den roten
Teppich aus. Über selbigen schritt vor ein paar Jahrtausenden
der griechische Welteneroberer Byzas, der hier, am strate-
gisch prächtig gelegenen Naturhafen zwischen Schwarzem
Meer und Marmarameer, eine nach ihm benannte Kolonie
gründete: Byzanz. Das Provinznest entwickelte sich zu einer
von Persern und Römern gleichermaßen begehrten Handels-
metropole. Später tauchte Konstantin der Große vor den Stadttoren auf, die prosperierende Stadt am Goldenen Horn erhielt
den Namen Konstantinopolis, die „Stadt des Konstantin", und
wurde zum politischen Zentrum Ostroms.

Rund zweihundert Jahre später errichtete Kaiser Justinian in deren Mitte das Weltwunder Hagia Sophia als ein weithin sichtbares Zeichen der neuen Staatsreligion, des Christentums. Trotz mehrfacher Kriege behauptete sich Konstantinopel als prächtiger Grenzbalken zwischen Orient und Okzident – so lange, bis sich türkische Heerscharen dem Kalifenreich Bagdads als Speerspitze zur Verfügung stellten und deren Anführer, der Seldschuken-Sultan Diya ad-Din Adud ad-Daula Abu Schudscha Muhammad Alp Arslan dem byzantinischen Kaiser nach der Schlacht im ostanatolischen Manzikert den Stiefelabsatz in den Nacken setzte. Dieser symbolische Akt des Sieges Tausendundeiner Nacht über das christliche Kaiserreich bedeutete die Wachablöse. Die Herrschaft der Osmanen begann.

Istanbul, der Schmelztiegel aus Trubel, Temperament und Tradition, ist lange schon im Heute angekommen. Die Wirtschaft boomt, die liebevoll bewahrten Klischees zwischen Aladdin und Ali Baba aber bestätigen sich auf Schritt und Tritt.

Besucht die Stadt am Bosporus, ihr Weltenentdecker! Nehmt Platz auf dem fliegenden Teppich der Märchenerzähler, lauscht ihren abenteuerlichen Geschichten und bestaunt die Sehenswürdigkeiten am Schnittpunkt der Kulturen.

Istanbul,
Stadt zwischen
den Welten

Die Blaue Moschee

Das Haus Mohammeds sollte jenes aus Mekka übertreffen, weswegen Sultan Ahmed I. goldene Minarette bauen ließ. Der Architekt wusste, dass das budgetär nicht drinnen war, missverstand absichtlich das Wort „altın" (Gold) als „altı" (sechs), errichtete ein halbes Dutzend Türme und hielt so die Ausgaben in Grenzen.

Hagia Sophia

Der einzigartige Bau verdankt seinen Namen nicht der gleichnamigen Märtyrin, sondern dem griechischen Wort Ἁγία Σοφία (Heilige Weisheit). Über tausend Jahre war sie die größte Kirche des Christentums. Nach dem Fall Konstantinopels ersetzten Gebetsteppiche die Kirchenbänke. Kemal Atatürk verwandelte sie in einen atheistischen Ort, in ein Museum. Heute betet man hier erneut zum Propheten.

Der versunkene Palast

Im 6. Jahrhundert wurde eine Zister-
ne als Wasserspeicher für den Großen
Palast angelegt. Dreihundertsechs-
unddreißig Acht-Meter-Säulen stem-
men das Gewölbe, unter dem sich
achtzigtausend Kubikmeter Wasser
aus dem bergigen Nahversorgungs-
gebiet der Stadt sammelten. Das
schaurig-schön ausgeleuchtete Gebäude ist immer noch einen Besuch
wert, schon der urzeitlichen Albino-
Fische wegen.

Topkapi-Palast

Gebäudekomplex verschiedenster
Epochen und Sitz der osmanischen
Herrscher. Unzählige Kunstschätze
machen den Besuch zu einem unvergesslichen Erlebnis. Dazu gibt es
die wohl rätselvollste Stadt in der
Stadt zu besichtigen: den Harem.

Süleymaniye-Moschee

Allein der Innenraum des mächtigen
Sakralbaues beträgt sagenhafte dreieinhalbtausend Quadratmeter. Bunte
Kacheln (İznik-Fayencen), Glasfenster
und mächtige Säulen heben den Ge-
betsraum in eine andere Dimension.

KAUFEN UND RAUFEN

Im Großen Basar kommen Händler und Hehler auf ihre Kosten. Hier gibt's Fetzen und Firlefanz, Ramsch und Rosen – zum Abwinken. Hunderttausende drücken sich an alt- und neuwertigem Kram vorbei, feilschen und hamstern, handeln und tandeln. So verrostet kann der Samowar gar nicht sein,

Im Großen Basar

dass er nicht doch noch über den Tresen geht. Teppich, Duschkopf oder Omis Verlobungsfoto – „Das Foto kannst du wegschmeißen", schreit mich der Verkäufer auf Deutsch an, er war schließlich lange genug in Neukölln am Bau beschäftigt, „aber der Rahmen ist was wert!" Wo immer ich auf der Welt unterwegs bin, Märkte lösen in mir Hecheleffekt aus.

Woher kommt die Begeisterung für Dinge, die keiner braucht, aber jeder will? Jedem Basar liegt ein simples Tauschprinzip zugrunde und der archaische Wunsch nach Besitz. Angebot bestimmt Nachfrage, und der Schätzwert gehorcht der Laune des Händlers. Was für den einen begehrenswert, entlockt dem anderen nicht mal einen Blick. Etwas aber macht immer den Unterschied aus, vom Chor Bazaar in Mumbai bis zum Marché aux puces in Paris: die unterschiedlichen Verkaufsverhandlungen. Ein Morgenländer wird aus Prinzip einen höheren Preis nennen als der Abendländer, geht er doch davon aus, dass die erstgenannte Summe keinesfalls der Endpreis ist. Den Mitteleuropäern ist die Tradition des Feilschens eher fremd, sie stellen die Preise per se nicht in Frage. In Zeiten geklonter Shoppingmalls und globalen Versands hat die Anarchie des Straßenmarktes wieder an Reiz gewonnen. Je unüberschaubarer der Welthandel, desto mehr scheint das Spiel vergangener Zeiten, das Feilschen um jeden Preis, wieder in Mode zu kommen.

> Im **Harem** regierte die Mutter des Sultans, ihr zur Seite die „Serail-polizei" – ihrer Männlichkeit beraubte Sklaven. Nächsthöchste in der Hierarchie war die Verwalterin, gefolgt von den „Favoritinnen" und den „Wartenden" – die Reihenfolge der Lust war dem Protokoll unterworfen. Der Harem war nichts anderes als ein bestens organisierter Knast. Erotik sieht anders aus.

> Betritt man eines der legendären türkischen Tröpferlbäder, findet man sich in einer anderen Welt wieder. Durch den undurchdringlichen Dunst nimmt man die auf heißen Steinen dösenden Nackten kaum wahr. Im **Hamam** verrichten massige Masseure einen handgreiflichen Job. Verlässt man das Bad sauber durchgeknetet wieder, fühlt sich das Leben danach wie ein Akt der Befreiung an.

AM SCHNITTPUNKT DER KULTUREN

Istanbul wurde, wie man weiß, auf sieben Hügeln erbaut – die Parallele zu Rom ist evident. Der altehrwürdige Stadtteil Sultanahmet liegt südlich des Goldenen Horns. Die Galata-Brücke verbindet die Erbstücke des alten Byzanz mit jenem modernen, geschäftigen Stadtteil Beyoğlu, in dem heute das Big Business wohnt. Über eine Million Menschen pro Tag ergießen sich nördlich des Goldenen Horns auf die Boulevards, um ihren Geschäften nachzugehen. Stores, Boutiquen, Tante-Emma-Läden. Rund um den Galata-Turm pulsiert das

Leben, und in der Shoppingmeile İstiklal Caddesi kocht das Tagesgeschäft über. Hier befindet sich das ultimative Döner-Paradies und es gibt die lustigsten Eisverkäufer, die ihre Kunden narren, indem sie die Stanitzel vor den Nasen verschwinden und wieder erscheinen lassen. Bars, Kneipen, Gourmet-Tempel. Und zwischen all dem rumpelt die Elektrische und teilt den nicht enden wollenden Besucherstrom, wie einst Moses das Rote

Unterwegs in Beyoğlu

Meer. Oben am Taksim-Platz hält die Tramway, von wo aus man hügelabwärts die „Tünel" nimmt, die zweitälteste U-Bahn der Welt, um ans Ufer des Bosporus zu gelangen, in die Villengegend der Stadt.

Eine der Besonderheiten des nimmermüden Big Apple des Ostens ist zweifellos die Existenz dreier Weltreligionen auf engstem Raum: Islam, Christentum und Judentum. Moscheen, Kirchen und Synagogen sind beredte Zeugen wechselvoller Vergangenheit. Die „Pforte zur Glückseligkeit", wie

Istanbul immer noch genannt wird, ist zumindest *eine* Reise wert, und der Bosporus, dessen „goldene Fluten" die Gestade der Millionenstadt umspülen, wurde längst zu einem einenden Symbol: Über ihn gelangt man auf der Europa mit Asien verbindenden Brücke „Märtyrer des 15. Juli" nach „drüben". Über sechzig Meter hoch ist der Trampelpfad von West nach Ost, von einer Welt in die andere. Ozeanriesen unterqueren ihn ebenso mühelos wie ihn Hunderttausende Fahrzeuge pro Tag überqueren. In der Früh geht's zum Arbeiten in den Westen, gegen Abend dann in entgegengesetzter Richtung nach Hause – wobei man für die Fahrt in Richtung Feierabend Maut bezahlt. Diese Logik muss man mir erst einmal erklären.

Jeder, der das glitzernde Istanbul zum ersten Mal bereist, ist überwältigt vom Charme, der Schönheit und der Lebensfreude der Stadt. Man möchte verweilen an dem alle weltlichen und religiösen Geheimnisse einenden Ort und den alten Geschichten lauschen – um von ihnen zu lernen.

Mit der Tram durch die İstiklal Caddesi

Königin der Karibik
KUBA – INSEL DER SCHÖNHEIT

Seit das Eiland, das größte der Kleinen Antillen, vor dem Fernglas des Weltenentdeckers auftauchte, war's um seine Ruhe geschehen. „Die schönste Insel, die je Menschenaugen erblickten", schrieb Christoph Kolumbus am 27. Oktober 1492 in sein Logbuch. Im Auftrag der spanischen Krone hatte er sich auf die Suche nach Indien gemacht und stolperte quasi im Vorbeisegeln in den irdischen Garten Eden.

Kuba liegt am Eingang zum Golf von Mexiko, in Spucknähe der Südküste der Vereinigten Staaten. Die Insel hat sich ihre atemberaubende Schönheit bis heute erhalten.

Das Schatzkästlein war seit jeher gut gefüllt mit Bodenschätzen. Der spanische Meisterplünderer Diego Velázquez de Cuéllar war der Erste, der sich auf Kolumbus' Spuren setzte und quer über die Insel einen blutroten Teppich ausrollte. Die Einwohner wurden in die Sklaverei gezwungen oder sie fielen den eingeschleppten spanischen Pocken zum Opfer. Das Ergebnis war in jedem Fall letal. Die Begehrlichkeit der spanischen Eroberer aber beschränkte sich keineswegs nur auf Edelmetall. Zwei Pflanzenarten stachen ihnen ins Auge: Tabak und Zuckerrohr. Der Anbau machte die Conquistadores reich, die Bewohner arm. Gemeinsam mit den aus Afrika eingeschleusten Sklaven blieb ihnen nichts anderes übrig, als für die neuen Herren den Rücken krumm zu machen, was den Plünderern unermesslichen Wohlstand bescherte.

Zahlreiche Unabhängigkeitskriege prägten das politische Geschehen Kubas, in denen die Spanier, ihrer finanziellen Ressourcen wegen, die Oberhand behielten. Erst in den letzten Jahren des 19. Jahrhunderts wendete sich das Blatt. Nun waren es die Yankees, die ein begehrliches Auge auf das Karibikkleinod warfen – sie vertrieben die Spanier und nahmen die Insel in Beschlag. Kuba war frei – aber nur für kurze Zeit, versagten doch auch die neuen Chefs den Einwohnern Sitz und Stimme in der Konstitution. Erneut wurde das Land zu Fall gebracht, diesmal gar von den lieben Nachbarn. Und so blieb es. Lange. Bis alles eine völlig unerwartete Wendung nahm, und Kuba „frei" wurde – allerdings zu einem hohen Preis.

↗ Musik hinter Gittern

↖ Alte Pracht

← „Ich kann länger warten als du ..."

El Capitolio
Wahrzeichen, das an das Original in Washington erinnert. Es steht unter keinem guten Stern: Auf dem ehemaligen Sumpfgebiet wurden in alten Tagen Sklaven untergebracht.

La Habana vieja
Die Altstadt: pittoreske Häuser, Plätze, Gassen. Südsee-Flair und Salsa-Musik, Zigarren und Rum. Und: jede Menge Bars

El Malecón
Über die Strandpromenade schlendern und den Abend genießen. Menschen, Trubel, Straßenmusikanten und der spektakuläre Ausblick auf das wohl berühmteste Abendrot der Karibik

Die Partagas Cigar Factory
Riesige Zigarrenfabrik im Herzen Havannas ... Auch für Nichtraucher einen Besuch wert

Mit der **Pferdekutsche** durchs Gassengewirr, im **Chevy** über die Boulevards

EINMAL PANNE UND RETOUR

Eine Reise über die Insel ist immer auch Abenteuer pur. Das beginnt schon in der Hauptstadt Havanna, der vitalen alten Dame, die immer noch mehr Erotik besitzt als manch andere Metropole. Ein unüberschaubares Gassenlabyrinth, vielspurige Boulevards und Avenues, Parks und Plätze, dazu jede Menge karibisches Inselflair – all das macht den Aufenthalt zu einem unvergesslichen Abenteuer. Kolonialpaläste und baufällige Häuser, Prachtvillen, Kasinos und triste Hinterhöfe, farbenfrohe Umzüge und immer und überall Musik! Havanna ist eine feiernde, tanzende, pralle Schönheit.

Und dann, dann geht's durch die Außenbezirke hinaus, über abenteuerliche Straßen, wo böse Schlaglöcher lauern, quer durch tropische Urwälder, vorbei an malerischen Flüs-

Coco-Taxi

sen, hin zu den „autopistas", auf denen einem so ziemlich alles entgegenkommt, was Gott je erschaffen hat: Straßenkreuzer, Radfahrer, Pferdefuhrwerke, Lastwägen, Schulbusse und, als wäre es nicht schon genug, jede Menge Fußgänger. In Kuba ist man nie alleine unterwegs. Der Verkehr gleicht einer Lotterie – erstens kommt's anders, zweitens als man denkt. Über die Insel zu fahren, entspricht einer Rätselrallye. Und das beginnt schon bei der Route. Am besten, man prägt sich die Geografie des Landes ein. „Keine Details, das Stück", lautet ein alter Theaterspruch, und er bedeutet: Der Souffleur möge als Erstes den Titel des Stückes einflüstern. Die Kunst sollte auch hier recht behalten. Eine Landkarte würde bereits an den örtlichen Straßenschildern scheitern, denn die gibt's gar nicht. Man landet in jedem Fall mittendrin, in der Pampa. Das aber macht nichts – nirgendwo ist sie schöner als hier. Die effektivste Methode, ans Ziel zu kommen, heißt Autostopp.

Am Rande jeder Überlandstraße stehen Heerscharen von Menschen jeglichen Alters oder Geschlechts, die von A nach B wollen. Meist habe ich mich für „Mutter mit Kind" entschie-

den. Man hält, erkundigt sich, wohin die Reise gehen soll, und schon ist man unterwegs. Mir war herzlich egal, ob ich zuerst ins Valle de Viñales reiste, das sagenhaft schöne Tal an der Westküste Kubas, oder doch ins entgegengesetzte Trinidad. Hauptsache, ich landete irgendwann irgendwo. Und das Quartiermachen ist ohnehin ein Kinderspiel – ob in den beliebten „casas particulares" (eine Art kubanisches Airbnb) oder in altersschwachen Provinzhotels: Beides probiert, beides in Ordnung.

Manchmal lohnt es sich auch, männliche Passagiere mitzunehmen. Weshalb? Ich bin gewiss schon unter manch widriger Bedingung auf fremdländischen Überlandstraßen gefahren, nirgendwo aber über so viele rostige Nägel wie in Kuba. Mein Rekord liegt bei vier Platten innerhalb einer Woche. Weshalb ausgerechnet auf jenen Routen, die ich befuhr, so viel spitzes Zeug herumlag, weiß ich nicht. Vielleicht handelte es sich ja um eine Art späte Rache am weißen Mann. Meine Mitfahrer jedenfalls erwiesen sich allesamt als Kavaliere. Bei keinem einzigen Reifenwechsel musste ich selbst Hand an den Gummi legen. Und da sage noch einer, die Insel sei kein sicheres Reiseland. Im Gegenteil! Sie legt einem zwar jede Menge Hindernisse in den Weg, die Kubaner aber räumen sie eigenhändig wieder zur Seite – solange die Ausländer dafür bezahlen.

Wer sein Auto liebt ...

FIDEL, CHE UND DIE ANDEREN

Auch wenn die Machthaber Kubas zumeist Kubaner waren, sie standen fast immer unter ausländischem Protektorat. Von Tomás Estrada Palma (erster Staatspräsident) bis zu Fulgencio Batista (letzter Diktator), die Karibikinsel hing lange am Gängelband der Amerikaner. Die zu Beginn des 20. Jahrhunderts importierten Gangster Meyer Lansky und Al Capone klauten im Selbstbedienungsladen des Inselstaates, was nicht niet- und nagelfest war. Nachhaltig veränderte sich das Leben in Kuba erst 1959, als die Guerrilleros Fidel Castro, Ernesto „Che" Guevara und andere das Spiel um die Macht beendeten – und ein neues begannen. Die Revolutionäre brachten zwar die Freiheit, verordneten ihrer Heimat aber einen jahrzehntelangen Konfrontationskurs gegenüber der benachbarten Supermacht, indem sie auf Kuschelkurs mit dem anderen Ende der

Unterwegs
in Kuba

← Der gefallene
   Stern

↓ Autopista nach
   Pinar del Río

↑ Die Revolution
   ist siegreich.

→ Che

Welt gingen. Das Wettrüsten und der damit einhergehende Machtpoker zwischen West und Ost brachte die Welt an den Abgrund: Die Kuba-Krise wurde zum Sinnbild des Kalten Krieges. Nach dem Zerfall der UdSSR blieb das Land zwar weiterhin kommunistisch, brachte den Genossen aber eine erste, vorsichtige Privatwirtschaft. Raúl Castro, der Bruder des alten Revolutionsführers, legte, gemeinsam mit Barack Obama, den historischen Konflikt bei.

Modegeschäft

Überbordende Lebensfreude, Salsa, Mambo, Son und alte Autos. Kein anderes Land wird für seine Götterschlitten so sehr beneidet wie das Oldtimer-Paradies Kuba. Die Herzen der Schrottfahrer schlagen hoch und höher – so lange, bis sie an Havannas Himmel stoßen und entsetzt feststellen, dass es für all die amerikanischen Designerträume vergangener Zeiten weder Ersatzteile noch Benzin gibt und sich die Träume am Boden der Realität wiederfinden.

Kubas Bevölkerung leidet immer noch (und wohl noch lange) an den Auswirkungen des Wirtschaftsembargos und der damit einhergehenden Vertrauenskrise gegenüber ihren politischen Führern. Dem Inselstaat geht es gut – und auch nicht. Man sollte Kuba besuchen und möglichst viele Devisen mitbringen: Private Unterkunft, Familienrestaurant, Einkaufen am Markt, lokale Autovermietungen – all das sichert Überleben. Und obwohl das Land im Laufe seiner Geschichte so vieles erdulden und erleiden musste, eines blieb bis heute bestehen: „Kuba ist die schönste Insel, die je Menschenaugen erblickten."

Pinar del Río

Verschlafenes Nest in der Nähe des traumhaft schönen Viñales-Tales, der Tabakhochburg Kubas

Cienfuegos

Koloniales Nest am karibischen Meer. Pferdekutschen, Meeresfrüchte, verträumte Märkte und ... jede Menge tropischer Regengüsse

Trinidad

Katzenkopfpflaster, Musik und der wunderschöne Dorfplatz Plaza Mayor. Hier träumt man sich hin und weg.

Santa Clara

Die Stadt birgt die größte Attraktion: das Mausoleum Che Guevaras. Die Revolution siegte, der Weg nach Havanna stand offen.

Santiago de Cuba

Die Seestadt ist eine der ältesten des Landes. Die Wiege der Revolution.

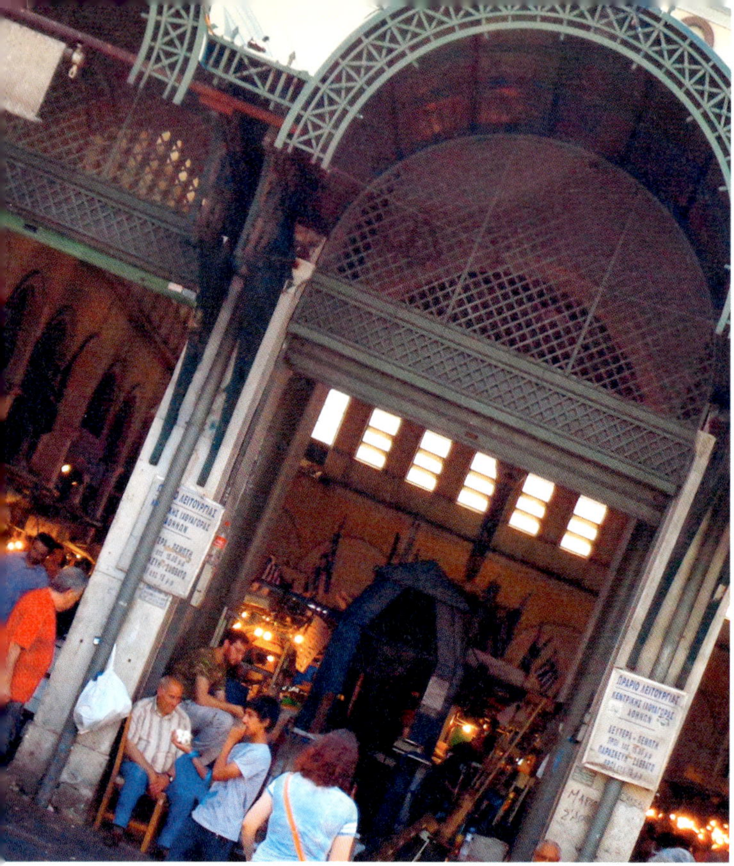
ΡΑΡΙΟ ΛΕΙΤΟΥΡΓΙΑΣ
ΑΘΗΝΩΝ
ΔΕΥΤΕΡΑ - ΠΕΜΠΤΗ
ΠΑΡΑΣΚΕΥΗ - ΣΑΒΒΑΤΟ

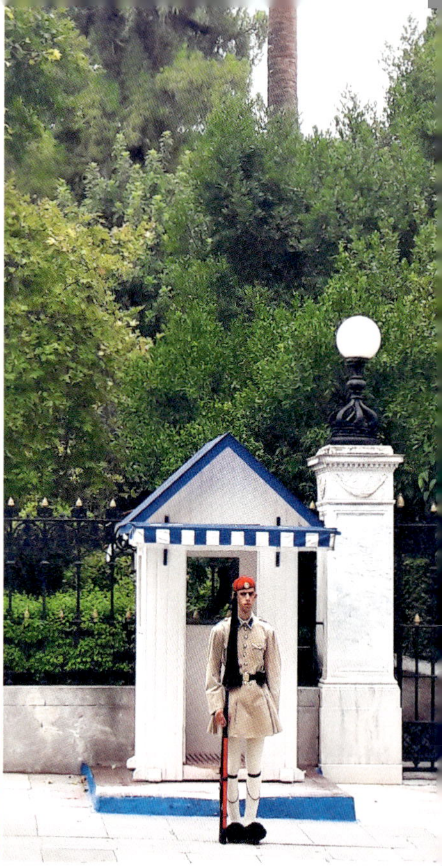

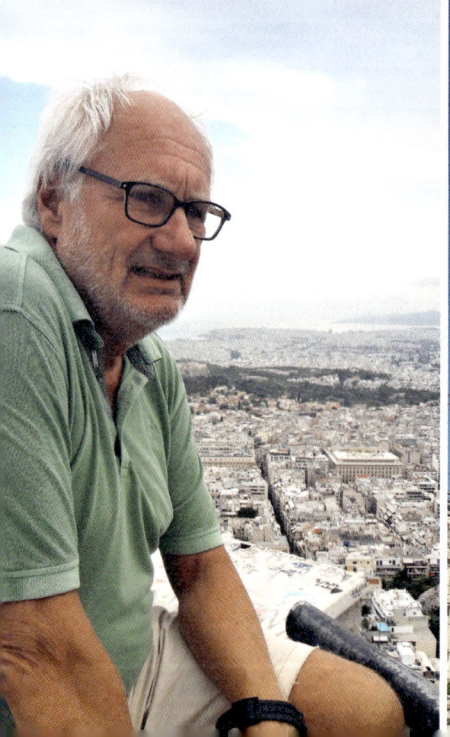

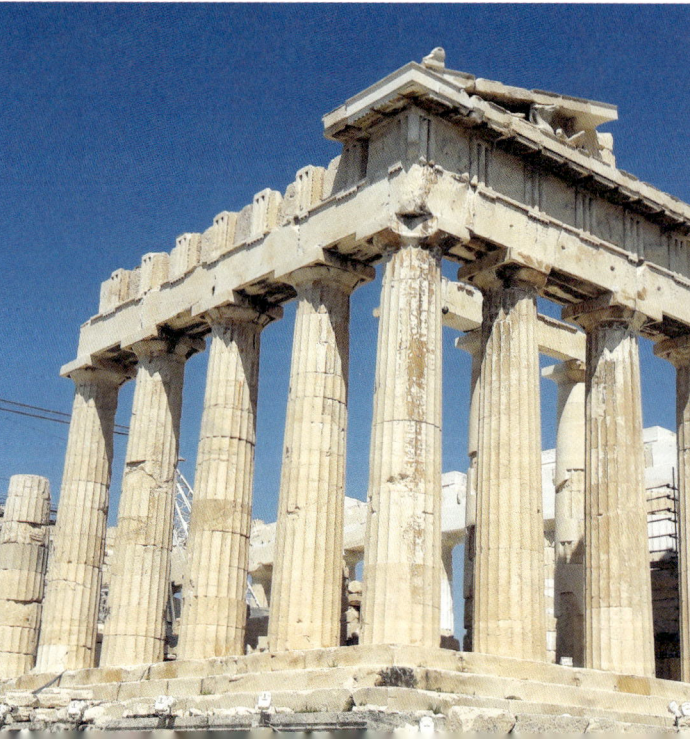

S'agapao, agapi mou!

ATHEN – DIE HEIMLICHE GELIEBTE

Der riesige Stahlvogel gleitet in weitem Bogen über den Hafen von Piräus, während die weiße Stadt aus dem Morgendunst auftaucht. Scheinbar endlos schwebt der Jet über die Zagani-Hügel, um endlich auf dem dunklen Asphaltband aufzusetzen, das sie im Südosten der griechischen Hauptstadt ausgerollt haben und das zum riesigen, zu Anfang des neuen Jahrtausends eröffneten Luftbahnhof Eleftherios Venizelos gehört.

Man ist angekommen am Reiseziel, das kein Ziel ist, sondern ein Zustand: Die immerwährende Sehnsucht nach der geliebten Stadt Athen schlummert in so manch einem Sonnenanbeter, der, kaum dass in Mitteleuropa die Ferienzeit beginnt, seine Begehrlichkeit gen Süden lenkt.

Unzählige Touristen landen alljährlich auf sonnenverbrannter Erde – und ziehen weiter: hinauf zum heiligen Berg Athos, an die Buchten des sagenumwobenen Peloponnes, den der Korinther Kanal wie mit dem Flammenschwert vom Festland abtrennt, hinüber nach Thessalien, Euböa, Attika, Thrakien oder auf eines jener Eilande, die zum prächtigen Schatz des Olymp-Beherrschers gehören, die ionischen, saronischen, dodekanesischen Inseln, jene der Nordost-Ägäis, die der Sporaden oder Kykladen. Und erst das sagenumwobene Kreta! Das von der Sonne geküsste Land der Hellenen zwischen Ägäis und Ionischem Meer ist Jahr für Jahr jede Aufmerksamkeit wert.

Doch vorerst heißt es haltmachen in der Hitzestadt Athen. Und die ist keineswegs nur Zwischenstation auf dem Weg zu den Inseln. Ganz im Gegenteil! In Athen möge der Urlaub beginnen und enden – am besten viele unvergessliche Tage lang. Die Stadt ist abwechslungsreicher, als sie auf den ersten Blick erscheint. Metropole und Kleinstadtidylle, Stoßverkehr und Muße, kulturelle Vielfalt und kulinarische Überraschung – Athen verführt in jeder Beziehung.

↑ Monastiraki-Platz

↗ Pláka – Stadt in der Stadt

→ Akropolis

Wohin in Athen?

> **Akropolis**
> Wiege der Demokratie

> **Die „Dörfer" am Fuße
> des Götterhügels**
> Die zauberhafte Pláka und
> das malerische Anafiotika

> **Archäologisches Nationalmuseum
> und Akropolis-Museum**

> **Lykabettus**
> Von der Spitze des Hügels aus
> hat man beste Fernsicht.

> **Piräus**
> Hafen und Wahrzeichen der Stadt

> Das geschäftige Treiben zwischen dem **Syntagma-Platz**, an dem das prächtige Parlamentsgebäude steht, **und Monastiraki**, dem Endpunkt der wirbeligen Geschäftsstraße Mitropoleos

> Der von riesigen Platanen umstandene Platz, in dessen Mitte die erhabene **Große Mitropolis-Kirche** (Architekt Theophil Hansen) steht

> Die knallbunt bemalten Lokale der **Ausgehmeile Psirí** nahe der U-Bahn-Station Monastiraki

> Der geschäftige **Athinas-Boulevard**, der zur prächtigen Markthalle und zum Rathaus führt

> Die nordseitig vom Akropolis-Hügel liegenden **Altstadtviertel** mitsamt ihren weiß getünchten Häuschen, die jenen abgeschiedener Kykladen-Dörfer gleichen

ANKOMMEN IN ATHEN

In den Endlosgängen des tiefgekühlten Airports mustern einander die hellhäutigen Urlaubsnovizen und die krebsroten Pauschaltouristen mit Argusaugen, und während die einen das Ganglabyrinth nach EXIT-Tafeln absuchen, streben die anderen den Abfluggates in Richtung Heimat zu. Der Griechenland-Affine indes überwindet alle Windungen und Wendungen der Empfangsschluchten und begibt sich schnurstracks in Richtung Metro Nr. 3, die die Stadtbahnhöfe Syntagma und Monastiraki ansteuert, oder, noch besser, er entert den Expressbus X96, der ihn nach eineinhalbstündiger Fahrt im Hafen von Piräus absetzt. Dort steigt er in einem der kleinen Hotels ab, legen doch die Fährschiffe meist erst am nächsten Morgen in Richtung Paradies ab. Da heißt es Geduld haben und den Abend in einer der zahlreichen Hafenkneipen verbringen. Die Karaffe, gefüllt mit eiskaltem Retsina, dem geharzten Göttergetränk, steht alsbald auf dem Tisch, daneben fangfrische Calamari fritti (Tintenfisch), ein herzhaft gegrillter Souvláki kotópoulo (Hühnerspieß), dazu Choriátiki (Bauernsalat) sowie die mit genügend Knoblauch angerichtete Joghurt-Gurken-Paste, das allgegenwärtige Zaziki. Dazu bitte reichlich Psomi (Weißbrot)! Kalí órexi!

ATHEN, DIE EWIGE LIEBE

Athen ist so sexy, dass man, kaum angekommen, sich dem Flair der Stadt nicht mehr zu entziehen vermag. Je intensiver man sich auf sie einlässt, desto überwältigender ist auch die Gegenliebe, die man erfährt. Athen steht sowohl für die Errungenschaft der Demokratie als auch für die Hitze des Widerstands (wenn ein Generalstreik öffentliches Leben lahmlegt), für südeuropäische Lässigkeit und die Akkuratesse schnellen Handelns (wenn nach tagelangem Stillstand die Inselfähren alle zugleich ablegen).

Am besten, man gibt sich und der Stadt Zeit – füreinander. Wie oft schon habe ich mich im Gestrüpp enger Gassen verloren, und wie beruhigend schön ist Mal für Mal der Anblick des der Stadtgöttin Athene geweihten Tempelbezirks, mit dem man von überall, wirklich von überall, verwöhnt wird. Auf dem

Athen –
die heimliche
Geliebte

Stadthügel lag einst das Zentrum hellenistischer Weltordnung. Die Akropolis ist und bleibt die von Touristen meistfotografierte Sehenswürdigkeit der Welt (neben dem Pariser Eiffelturm und dem den Tellerrand überragenden Figlmüller'schen Wiener Schnitzel). Sehr zu Recht, spielen doch die Propyläen, das Erechtheion, der Nike-Tempel und der Parthenon besonders am Abend ihre Reize aus. Von welchem Rooftop-Restaurant oder welcher Cocktailbar auch immer betrachtet, der Anblick der nächtlichen Akropolis ist überwältigend.

Verweile also, Wanderer und – komme wieder! Und wenn du im nächsten Jahr erneut den großen Bogen über den Hafen von Piräus ziehst, lass dich abermals mit allen weltlichen Genüssen verwöhnen, mit denen dich Athena, Göttin der Weisheit und der Kunst beschenkt. Denn die spröde, schmutzige, anmutige und atemberaubend extravagante Stadt ist lebenslanges Begehren. S'agapao, agapi mou!

← Am Syntagma

↙ Sehnsucht

↓ Das Tagebuch

Ich hab noch einen Koffer in …

UNTERWEGS IN DER STADT
DER STÄDTE – BERLIN

Die Stadt ist Sitz des Bundespräsidenten, der Bundesregierung, des Bundestages, des Bundesrates, der Bundesministerien, Bundesbehörden und Botschaften. Berlin ist Bundeshauptstadt wie Bundesland.

Mit bald vier Millionen Einwohnern ist sie eine der bevölkerungsreichsten Städte Europas und mit fast neunhundert Quadratkilometern Gesamtfläche die größte Gemeinde Deutschlands.

Nach Berlin fährt man seiner Theater, Kabaretts, Shows, Vernissagen, Opern, Konzerte, Zirkusse oder Varietés wegen. In rund hundertfünfzig „Belustigungsstätten" hebt sich Tag für Tag der Vorhang, mehr als hundertsiebzig Museen öffnen ihre Tore: vom Pergamonmuseum bis zum Blinden-Museum, vom Deutschen Schweinemuseum bis zur Nationalgalerie der Gegenwart, dem Hamburger Bahnhof. In Berlin gibt's nichts, was es nicht gibt, hier kommt jeder auf seine Rechnung. Jazz, Kirchenmusik, Techno, Kirill Petrenko oder Rihanna. Berlin gibt, was es hat, und das ist nicht wenig. Weltstars trippeln die Gangways hinauf und hinunter, und die Locals, die sind hip und knorke, das heißt: Sie sind gut drauf!

Radeln in Berlin

Berlin ist alles, nur nicht langweilig. Auch die Festivalszene lebt: vom Kunstevent bis zum Volksfest, vom Filmfestival bis zum „Charlottenwalk", vom „Karneval der Kulturen" bis zur Silvesterparty am Brandenburger Tor. Fünftausend Restaurants, Bars, Kneipen und Cafés rittern um Gäste, an den vier großen Unis belegen Hunderttausende Studierende beinahe siebenhundert Studiengänge, und unzählige Sportler joinen die rund zweitausend Sportvereine.

Obwohl der Rummel groß, die Berliner busy und die Klubs knallevoll sind, die Stadt bietet genügend Platz zum Relaxen: Mehr als zweieinhalbtausend Parks und Gärten erstrecken sich über das Stadtgebiet, dazu fünfzig Seen, drei Flüsse (Havel, Spree und Dahme) und erstaunlich viele Kanäle. Wer jetzt immer noch daran zweifelt, dass Berlin eine grüne Stadt ist, dem ist nicht zu helfen. In Berlin geht man über neunhundertsechzig Brücken. Die Royal Suite im Hotel *Adlon* am Pariser Platz gibt's für schlappe sechzehntausend Euro pro Nacht. Beinahe eineinhalb Kilometer misst die längste Open-Air-Galerie der Welt, für die sich hundertachtzehn Künstler aus der ganzen Welt auf einem Stück ehemaliger „Mauer" verewigt haben. Und: Im Preußenpark gibt's ein „Restaurant" der besonderen Art: An über sechzig Ständen hocken Thai-Omis und kochen für ihre Enkel Streetfood. Berlin ist eine Reise wert. Mehr als das!

Was man sehen muss

> **Jüdisches Museum Berlin**
Allein die Architektur von
Daniel Libeskind ist das Geld wert.

> **Berliner Mauerweg**
Hundertsechzig Kilometer mit
dem Rad oder zu Fuß kreuz und
quer durch die Stadt

> **Topographie des Terrors**
Dokumentationsstätte des
Verbrechens

> **Brandenburger Tor und Reichstag**
Europäische Geschichte zum
Be-Greifen

> **Holocaust-Mahnmal**
Steinquader erinnern an sechs
Millionen NS-Opfer.

> **Mauermuseum**
Ehemaliger Grenzübergang
Checkpoint Charlie: hip und cool

DIE MAUER

Ost versus West. Das vom letzten großen Krieg schwer gezeichnete Berlin versank sechzehn Jahre nach Beendigung des Horrors erneut in Schutt. Mitte Juni 1961 verkündete Walter Ulbricht: „Kein Mensch hat die Absicht, eine Mauer quer durch Berlin zu bauen." Kaum zwei Monate später hat man sich's anders überlegt. Vopos („Volkspolizisten") zogen provisorische Absperrungen hoch, „Betriebskampfgruppen" der DDR unterbanden jeglichen Verkehr von hüben nach drüben, der Eiserne Vorhang wurde zugezogen. Stacheldraht, Wachtürme, Todesstreifen. Was keiner für möglich hielt, war geschehen. Durch Stadt, Land und Familien verlief eine Grenze. Schüsse. Verletzte. Tote.

Achtundzwanzig Jahre später zerfällt die Mauer und wird als Souvenir verramscht. In Ruinen nisten Galerien, am Potsdamer Platz tanzen die Kräne, die Kunstszene diesseits und jenseits vermischt sich, bunt bemalte Trabbis carven hupend um die Schlaglöcher der Karl-Marx-Allee. Ossis und Wessis liegen sich in den Armen, und die Welt blickt staunend zu. Nicht lange, und die Börsen explodieren. Bananen gehen weg wie warme Schrippen. Berlin erfindet sich wieder einmal neu. „Ostalgie" heißt das neue Schlagwort. Das Geschäft mit dem alten DDR-Tand boomt noch heute.

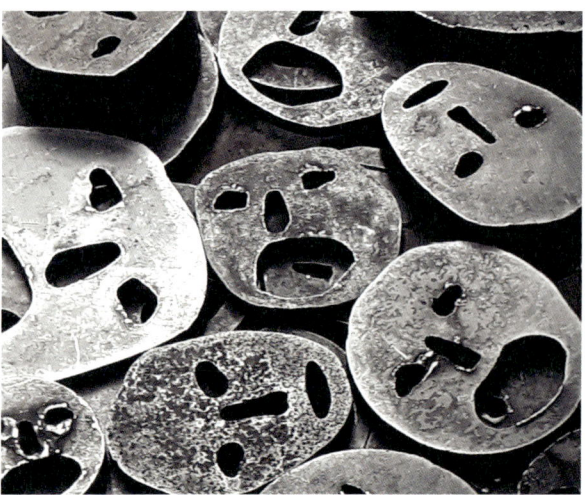

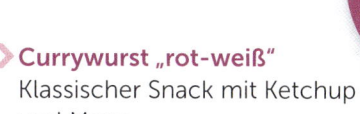

> **Currywurst „rot-weiß"**
> Klassischer Snack mit Ketchup
> und Mayo

> **Karneval der Kulturen**
> Volksfeste, Festivals und
> jede Menge Schräges

> *Paris Bar*
> Yves St. Laurent, Mick Jagger, Schotti:
> Hier kam jeder schon mal vorbei.

> **Berliner Schaubühne**
> Bestes Hauptstadttheater

> **Kudamm, Unter den Linden,
> Prenzlauer Allee**
> Flanieren geht über Studieren.

> **Tiergarten**
> Radfahren, in der Wiese liegen
> und die Seele auslüften

BERLIN FOREVER

Die Stadt lässt mich nicht los. Warum auch? Hier begann mein Leben. Nicht faktisch, aber praktisch. Nach meinem Schauspielstudium trat ich mein Engagement am Wiener Theater in der Josefstadt an, schaffte es in zwei Jahren aber nicht ein einziges Mal auf die Bühne. Dieses Kunststück muss einem auch mal einer nachmachen. Kaum drinnen im Job, schon wieder draußen. In meinem Stammhaus stand ich am Abstellgleis. Die Kollegen Futterknecht, Hirsch und Kestranek taten mir nicht den Gefallen, ernsthaft zu erkranken – es wäre meine Chance gewesen, zumindest versicherte mir das mein Direktor. Weshalb er mich überhaupt engagiert hätte, fragte ich ihn eines Tages.

„Ja, ich bitte", war die Antwort, „Sie san zwar nicht schön, aber jung." Erst viel später verstand ich ihn. Er meinte: Typen wie mich kann man immer brauchen. Nur damals halt nicht. Also wartete ich, bis die Herren Kollegen die Krankheitskeule traf.

Am Kurfürsten-
damm

Zwei Jahre lümmelte ich auf der Seitenbühne herum, bis mich eines Tages ein Engagement an einem benachbarten Kindertheater aus dem Dämmerzustand erlöste. Kaum war ich dort im Scheinwerferlicht gelandet, flogen mir auch schon die U-Hakerln, abgeschleudert von wild gewordenen Halbwüchsigen, um die Ohren. Die Kids in der Neubaugasse nahmen mich ordentlich ins Visier. „Attacke aussitzen!" hieß die Devise im Theater der Jugend, wo ich unter ständiger Verletzungsgefahr auftrat. Und irgendwann hatte das Schicksal ein Einsehen: Futterknecht ging nach Hamburg, Hirsch bekam Durchfall, Kestranek wechselte zum Fernsehen. Das war der Startschuss, ich konnte mich vor Aufgaben nicht erwehren. Bald darauf hielt ich die Nentwich im Arm. Das

Stück hieß *Das Vermächtnis* – aber das war meiner Mutter egal. Hauptsache, ich hatte einen netten Anzug an und verneigte mich Hand in Hand mit der alten Schönauer und der jungen Böhm. Sogar mein stets skeptischer Vater war vorübergehend beeindruckt. Im Josefstädter Plüschtheater vor einer geballten Ladung an Hörrohren zu debütieren, das war was – und so manche Theatertante konnte beprahlt werden. Der Haussegen hing ab diesem Tag wieder gerade.

Nicht lange. Ein überraschendes Engagement kam in die Quere: Ein gewisser Hans Gratzer, *das* Versprechen aus der Wiener Kellerlandschaft, interessierte sich für mich, ich sollte in sein Ensemble wechseln. Bedingung aber war, dass ich mich mit seiner Truppe auf ein halbes Jahr an die Freie Volksbühne Berlin vertschüsse. Konnte ich dem widerstehen? Ich packte also meinen Ranzen, ließ zwei Theaterverträge platzen und klemmte mich hinters Volant, wie man damals sagte. In der Berliner Bundesallee, Bezirk Schöneberg, parkte ich mich ein. Hier begann mein Schauspielerleben von Neuem. Die Riesenstadt nahm mich mit offenen Armen auf. Tagsüber wurde geprobt, am Abend graste ich mit den Kollegen die coolen Kneipen ab. Vom *Diener* bis *Axbax*, von der *Paris Bar* bis ins *Exil*. Wer dabei war, gehörte dazu, wer nicht, nicht. Das Gratzer-Ensemble formierte sich. Wir lebten, was das Zeug hielt. Dass ich mich dabei beinahe selbst verlor, war nur folgerichtig.

Am Tag der Generalprobe forderte das Künstlerleben seinen Tribut. Ich übersiedelte von den Brettern der Welt auf den OP-Tisch nach Steglitz. Mit Blaulicht. Beherzte Ärzte befreiten mich von einem defekten Blinddarm, reanimierten mich, und der Durchbruch am Theater ließ nicht lange auf sich warten. Hier, in der geteilten Stadt, begann mein Leben zum zweiten Mal, diesmal aber richtig.

Stop and go

Am Checkpoint Charlie

In meiner Karriere ging es rauf und runter, Berlin aber hatte mich ins Herz geschlossen – erst recht, als sich eines Tages das düstere Ostberlin mit dem in die Jahre gekommenen Westen wiedervereinte. Zu meinen einstigen Jagdgebieten Charlottenburg, Kudamm und Bahnhof Zoo kamen neue hinzu: Schöneberg, Prenzlauer Berg, Kreuzberg, Schottenberg. Berlin wurde so groß, wie es einmal war. Die Szene erwachte. Musste man sich früher durch den berüchtigten Grenzübergang Checkpoint Charlie quälen, um in den Osten zu gelangen, rückten einem über Nacht das DS (Deutsche Schauspielhaus), das BE (Berliner Ensemble) oder die V (Volksbühne) auf die Pelle.

Ein paar Jahre danach war ich erneut in der Stadt, diesmal im Schlosspark Theater. Nun bastelte *ich* an meinem Ensemble – für das Volkstheater in Wien. Die Schauspieler sollten mich nach Wien begleiten, so wie wir damals Gratzer gefolgt sind: die Bill, die Frey, der De Nardo, der Schleyer, die Meyer. Berlin war einmal mehr gut zu mir. Neben einem prächtigen Ensemble schenkte es mir neue Energie. Fahre ich heute nach Berlin, suche ich immer noch nach jenem prall gefüllten Koffer voller Erinnerungen, den ich damals dort „vergaß". Aber auch wenn ich ihn nie mehr wiederfand, ich bin sicher, er wartet auf mich. Irgendwo. „Ich hab halt einen Koffer in ..." Soll ja, muss ja!

DIE MISCHUNG MACHT'S

Berlin ist eine Mischung aus New York und Castrop-Rauxel. Am europäischen Kontinent kenne ich keine andere Stadt, die so „abgefahren" ist wie die alte Bärenstadt. Prenzlauer Berg, Neukölln, Charlottenburg und Wannsee – Berlins Herz pocht allerorts, die Stadt ist ungestüm, lieblich und verträumt, aggressiv und abgeklärt. Die Unterschiede der Ethnien könnten nicht greller sein. Am besten, man lässt sich ein auf den Moloch, der seine Arme weit ausbreitet und den Fremden willkommen heißt. Allein die Schnoddrigkeit der Taxifahrer hat's in sich. Schnauze pur. Und erst die Straßen! Boulevards, Alleen, Stadtautobahnen. Vergiss die Enge europäischer Kleinstädte, in Berlin pfeift der Wind über XXL-Bürgersteige. Man staunt über Witz und Schlagfertigkeit und man schwört, mindestens einen Koffer auf immer in der Stadt zu „vergessen" ...

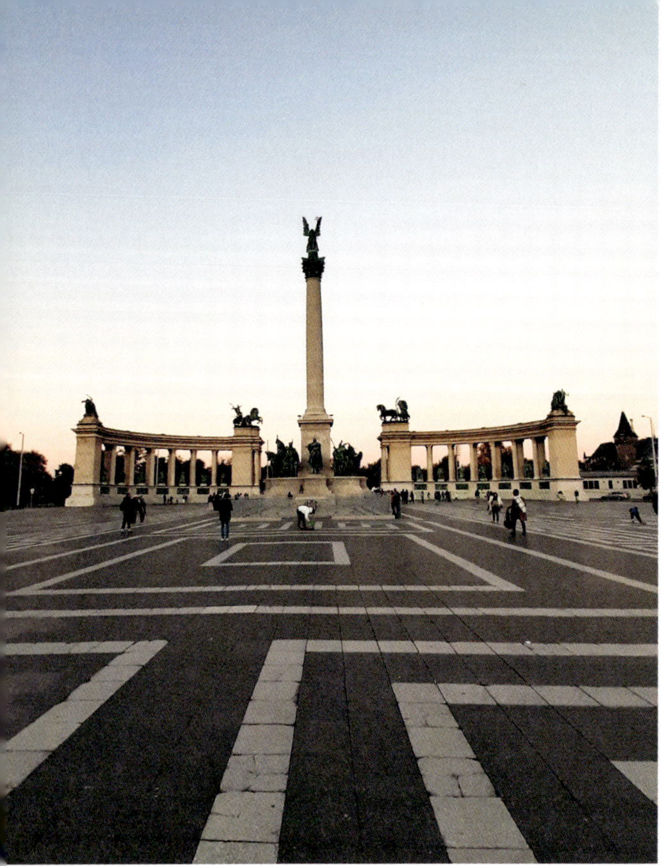

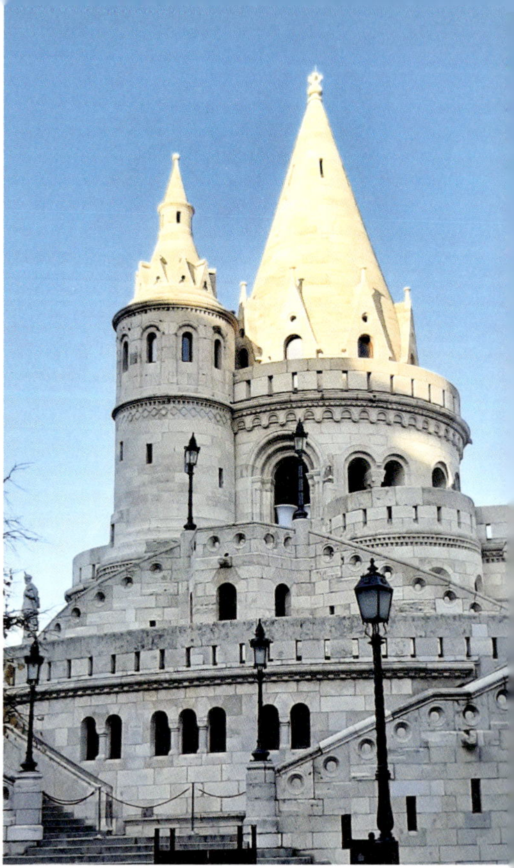

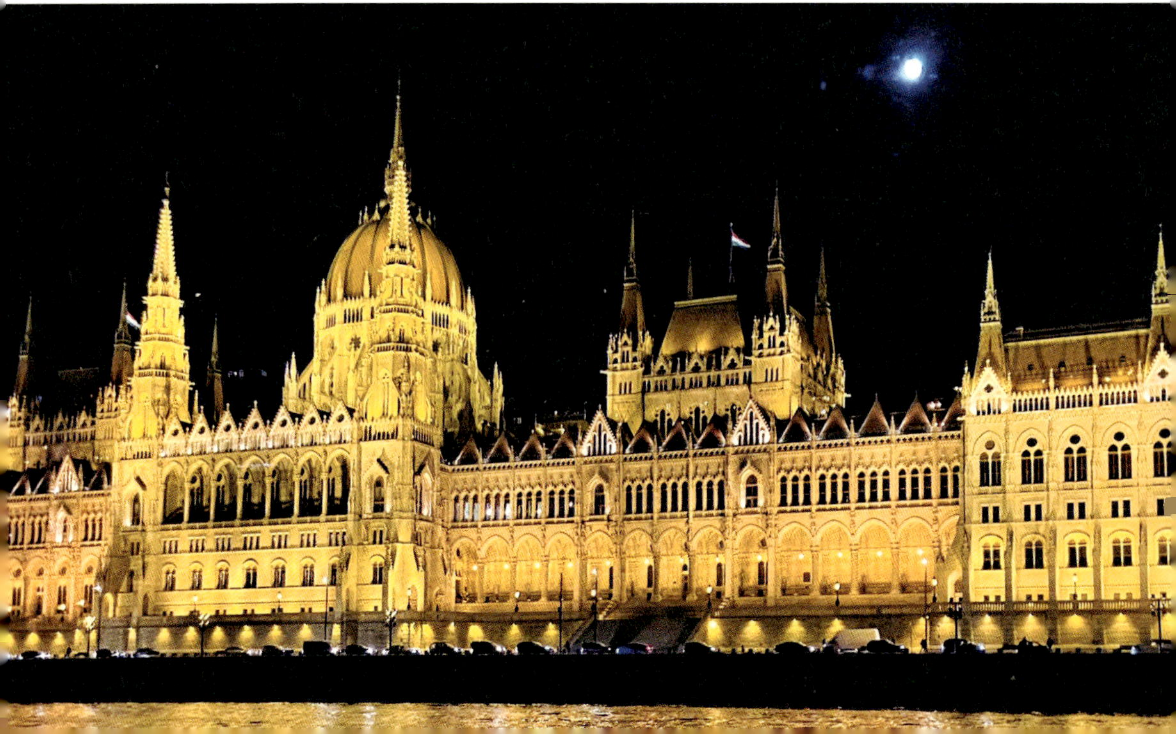

Nah am Wasser
BADEN IN BUDAPEST

Als eingesessener Mitteleuropäer braucht man nicht lange zu reisen, um einer der attraktivsten Städte des Kontinents einen Besuch abzustatten: Budapest. Die ungarische Hauptstadt ist eine der mächtigsten Metropolen entlang der Donau.

So prachtvoll aber das extravagante Parlamentsgebäude von außen anzusehen ist, was drinnen passiert, steht auf einem anderen Blatt. Politisch tendiert das Land derzeit weit nach rechts, geografisch gesehen liegt es mitten in Europa – nach Paris und Moskau ist es gleich weit. Eine Stadt, durch die fast siebentausend Kubikmeter Wasser pro Sekunde fließen, kann nur feuchtfröhlich sein, beschwingt sowieso. Komponisten von Weltruf wurden im Land der Puszta geboren. Abraham, Bartók, Kálmán, Ligeti, Liszt, Lehár. Das Land glänzender Operettenmelodien und dramatisch-sinfonischer Meisterwerke gilt seit jeher als die Wiege der Musen. Kulturgeschichte, europäische Machtpolitik und globale Wirtschaft finden (und fanden) hier ebenso statt wie die Lust an der Gaudee, wie der artverwandte Wiener sagt. In Budapest lebt man gerne – und gut.

Links und rechts des Donaustromes liegen die schönsten Bauwerke aneinandergereiht wie glitzernde Anhänger eines Bettelarmbandes. Der Fluss trennt rechts von links, Buda von Pest. Gemeint sind die hügelige Altstadt und das flachbrüstige

Von Buda
nach Pest

Neustadtufer. Verbunden werden die beiden Teile von mächtigen Bindegliedern, der Margaretenbrücke im Norden und
der Petőfibrücke im Süden.

Am Burgberg glänzt, einem Diadem gleich, das Schloss, in
dem heute die Nationalgalerie untergebracht ist. Gleich nebenan befinden sich die Nationalbibliothek, das Historische
Museum, das Sándor-Palais mit dem Sitz des Staatspräsidenten (aktuell Frau Novák) und die Matthiaskirche. Hier wurden
Franzl Unser und seine Sisi zum Königspaar von Ungarn ge-
krönt – und der Liszt Ferenc steuerte die Musik bei. Als das
Paar die Kirche verließ, schallten „Ferenc"-Rufe über den
Platz, und wenn man der Überlieferung glauben darf, galten
sie weniger dem absolutistischen Herrscher als dem umtrie-
bigen Herrn Compositeur.

Mit der Standseilbahn geht's hinunter in Richtung Donau
und von dort hinüber nach Pest, wo der (kulturelle) Teufel los
ist: von der Staatsoper bis zum Operettentheater, vom Museum der bildenden Künste zur Großen Synagoge, von der
wirbeligen Geschäftsstraße Váci út über den prächtigen An-
drássy-út-Boulevard und den Heldenplatz bis hin zum Stadtwäldchen. Und überall wird getanzt, gefeiert, gelebt und –
gebadet.

❯ **The House of Houdini**
Harrys Zaubertricks zum Schauen
und Staunen. Der Entfesselungs-
künstler war ein Kind der Stadt.

❯ **Budas Labyrinth**
Gruseln in den Geheimgängen,
tief unterhalb des Schlossdistrikts

❯ **Felsenkrankenhaus- und
Atombunker-Museum**
Zeitgeschichte zum Anfassen

❯ **Fővárosi Nagycirkusz**
Klassischer Nummernzirkus im
winterfesten Zeltbau

❯ **Zentrale Markthalle**
Paprika als Mitbringsel

❯ **Altes jüdisches Viertel**
Frommes Beten, koscheres Essen,
ausgelassenes Feiern

DAS WASSER

Budapest ist die einzige Hauptstadt der Welt, die über natürliche Thermalquellen verfügt. Aus hundertzwanzig Quellen, man glaubt es kaum, sprudeln täglich über dreißigtausend Kubikmeter Heilwasser mit bis zu achtundfünfzig Grad Celsius aus der Erde – es würde ausreichen, um die gesamte Stadtbevölkerung darin zu baden. Besonders im Széchenyi-Heilbad, am Rande des schönen Stadtwäldchens, tummeln sich die Massen. Kaum anderswo plantscht man so gerne im warmen Wasser wie hier. Schon die prachtvolle Fassade beeindruckt. Der schlossartige Badetempel ist europaweit der größte und prächtigste seiner Art.

Elegant wie ein Opernfoyer – das Széchenyi-Heilbad

Bereits 1868 begannen die ersten Bohrungen, und sie endeten in einer Tiefe von neunhundertsiebzig Metern. Genau dort hatten Geologen einen artesischen Brunnen vermutet. Sie sollten Recht behalten, man musste dem heißen Wasser bloß an die Oberfläche verhelfen. Die Donaustadt durfte ab diesem Zeitpunkt den Terminus „Heilbad" für sich beanspruchen. Bald schon aber genügte der Jungbrunnen dem Ansturm nicht mehr, ein neues Freibad musste her – die Wasserfläche der Becken betrug damals bereits über zweitausend Quadratmeter. Backe an Backe tummelten sich die Baderatten, und als 1938 die Welt in Grund und Boden versank, buddelten die Pester erneut. Diesmal wurden sie in einer Tiefe von über zwölfhundert Metern fündig. Sechstausend Kubikmeter heißes Thermalwasser schossen täglich aus der Erde, so viel, dass man die Badeanstalten gleich mitheizen konnte. Ob patzreich oder bettelarm, das gesellschaftliche Leben etablierte sich hier – und in zwanzig weiteren Thermalbädern der Stadt.

Im Széchenyi kann man heute weit mehr als bloß baden: Spa, Schach und jede Menge Spaß stehen am Menüplan. Bedingung: Badeschuhe (außerhalb der Becken), Badehaube (innerhalb der Becken) und Badebekleidung (sowohl als auch). Und wenn einem danach ist, kann man sich sogar im Gerstensaft umtun: Im Bier-Spa ist das sechsunddreißig Grad warme Thermalwasser mit Malz, Hopfen und Hefe angereichert – rund ums Becken stehen Bierfässer bereit, aus denen man so viele verschiedene Sorten zapft, wie man möchte. Und wer immer noch durstig ist, der bleibt am Samstagabend einfach im Nassen stehen, denn da ist „Sparty" angesagt! So jedenfalls nennt sich der weltweit außergewöhnlichste Disco-Kracher, eine Mischung aus Spa und Party – DJs, Lasershow und jede Menge Attraktionen inklusive. Und da sage noch einer, die Budapester seien nicht feuchtfröhlich!

Pack die Badehose ein

> **Széchenyi-Heilbad**
Thermalparty, der Spaßkracher der Hauptstadt

> **Gellért-Bad**
Budas Antwort auf die Pester Herausforderung: Neben dem Grand Hotel am Fuße des Gellértberges badet man hier im Jugendstil.

> **Lukács-Bad**
Eines der ältesten Bäder der Stadt. Seit dem 12. Jahrhundert schwammen die Ritter des Johanniterordens im Glück.

> **Rudas-Bad**
Wellness, Sauna, Badespaß am Dach, Stadtrundblick inklusive

HUNGARIAN HALLOWEEN

Hunderttausende Genusssüchtige ziehen von Restaurant zu Kaffeehaus, von Disco zu Studentenkneipe, von Jazzklub zu Ruinenbar. Budapest wird Nacht für Nacht zum Mittelpunkt der Spaßwelt. Kaum dass man einen Schritt vor das Innenstadthotel wagt, wird man fortgerissen vom Strom der Einheimischen, die um die Häuser ziehen – immer auf der Suche nach guter Laune. Budapest ist vergleichbar mit dem Big Apple am Unabhängigkeitstag, dem Berlin der Roaring Twenties oder mit Rom zur Papstwahl. Wenn in Wien die Gehsteige hochgeklappt werden, beginnt zweihundertfünfzig Kilometer ostwärts die Party.

Der Zufall wollte es, dass ich der Stadt Ende Oktober einen Besuch abstattete. Halloween! Auf den Gassen wurde gerasselt, geröchelt, geschrien. Fratzen, Freaks und Freddy Krueger. Ketten klirrten, Böller krachten, Gehängte baumelten an Laternenpfählen. Wo war ich hingeraten? Ich wollte ins angesagte Ruinenviertel. Es blieb beim Wunsch, denn dort war

Ruinenlokal
im jüdischen
Viertel

Rushhour angesagt. One way to hell. Ich wagte einen Shortcut, warf mich in eine der Seitengassen, wurde von einer Flut an Skeletten erfasst und in ein nahegelegenes Durchhaus gespült. Ich klammerte mich an den nächstbesten Untoten und stemmte mich gegen die Druckwelle der Nachdrängenden. Das Gewühl der ungarischen Teufel und Hexen war beängstigend.

Eigentlich hatte ich Hunger, aber der Appetit auf Halászlé (Fischsuppe), Pörkölt (Gulasch) oder Paprikás csirke (Paprikahuhn) war mir im Gedränge abhandengekommen, also stand mir der Sinn nach Alternativem. Ich reihte mich daher in die Warteschlange vor einem Teenie-Speisehaus ein: Burger, Fritten, Cola. Keine Chance. Eher schon drüben im Barbecue-Laden? Denkste. Kaffee und Kuchen? Schon gar nicht. Also trottete ich durch Hinterhöfe, Gässchen, über abgeschiedene Plätze, immer auf der Flucht vor dem Wahnsinn. Hunger! Doch Töltött káposzta (Kohlroulade)? Mir wäre vieles recht gewesen. Doch in dieser Nacht war alles ausreserviert.

Pho versus Halászlé

In der Király út geschah das Wunder. Der letzte freie Platz lag in einem kleinen, neonbeleuchteten Lokal, im Ersten-Stock-Stübchen, kurz vor den Toiletten. Ich bestellte. Ein sympathischer Vietnamese zwinkerte mir zu. Als was ich heute gehe, wollte er wissen – in Sachen europäischer Horror kannte er sich offensichtlich nicht aus. Als ich ihm sagte, dass ich ohne Maske unterwegs sei, zog er sich erschrocken in die Küche zurück. Kurze Zeit später kam er mit einer original ungarischen Rezeptur zurück: Glasnudelsuppe mit Wok-Gemüse, Tintenfisch und Muscheln. Man sollte eben immer das Landestypische probieren. In Budapest habe ich nirgends besser gegessen. Halászlé out, Pho in. Budapest ist auch essenstechnisch nahe am Wasser gebaut.

Über das Lächeln
UNTERWEGS IN BURMA

Allein der Klang des Namens Burma weckt Sehn-
suchtsbilder: Götter und Dämonen, Pagoden,
Tempel, undurchdringlicher Urwald, riesige Flüsse,
sagenhafte Königsstädte. Kein anderes Land in
Südostasien ruft ähnliche Träume hervor. Was
haben diese Bilder mit der Realität zu tun?

Um es vorwegzunehmen: Burma ist so, wie man es sich vor-
stellt – und doch ganz anders. Jahrhundertelang lebte das
Land zwischen der Andamanensee im Süden und dem Golf
von Bengalen im Westen, eingezwängt zwischen Thailand,
Laos, China, Indien und Bangladesch, unter fremder Herrschaft: Noch zu Beginn des 20. Jahrhunderts war Burma eine
Provinz Indiens unter britischer Herrschaft. Nachdem Japan
das Land während des Zweiten Weltkrieges okkupiert hatte,
folgten erneut die Briten. Erst 1948 wurden die Burmesen un-
abhängig – was nichts hieß, denn die eigenen Militärs setzten
der Freiheit zu Beginn der 1960er-Jahre ein Ende. Erneut wurde das Volk in die Knie gezwungen. Eine beispiellose Hetzjagd
auf einige der hundertfünfunddreißig Volksgruppen begann.
Waren es vorerst die Shan, später die Karen, deren Angehörige in Form von „Säuberungsaktionen" außer Landes getrieben
wurden, traf es in jüngster Zeit die Rohingyas. Die Burmesen
ließen sich ihren Lebensmut trotz allem nicht nehmen.

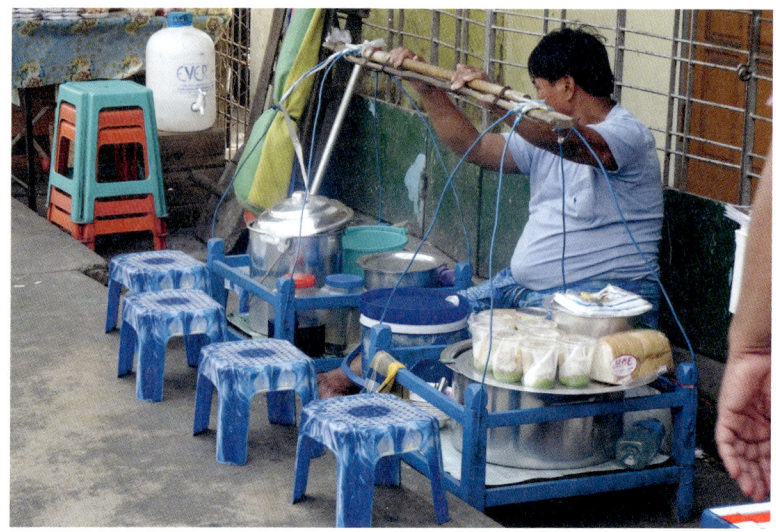

Restaurant
in Rangun

Sobald es (politisch) wieder möglich ist, das Land zu besuchen, ist eine Reise dorthin verpflichtend. In Burma, scheint's,
ist die Langsamkeit zu Hause, die Würde und die Gelassenheit. Und die Stille. Vielleicht liegt das ja auch an Buddha, dem
man hier so viele Tempel und Schreine gebaut hat wie kaum
anderswo. Seine Lehre ist keine Religion. Er hat den Menschen einfach nur ein paar philosophische Ratschläge mit auf
den Weg gegeben.

Das ist es, was dieses Land ausmacht: die Gültigkeit des
Moments und das Lächeln der Menschen. Das Einfache erfahren heißt, es in sich selbst zu finden. Während die Männer
zu Waffengewalt gezwungen werden, malen sich die Frau-
en und Kinder gelbe oder weiße Punkte auf die Wangen. Sie
sehen aus, als wären sie Nachfahren des großen Clowns
Charlie Rivel oder Angehörige eines landesweiten Flashmobs,
um gegen die allzu rigide Übermacht des Militärs zu pro-
testieren. In Burma wird das Glück verschenkt. „Mingalabar"
lautet die Begrüßungsformel, und sie bedeutet nicht nur
„Guten Tag". Man wünscht einander: „Es möge Glück über
dich kommen!"

> **Shwedagon-Pagode**
Ein Weltwunder bei Sonnen-
aufgang: Pflicht

> **Htwe Oo Myanmar Puppet Theatre**
Im Stadtteil Ahlone ist die Poesie
zu Hause.

> **Anawrahta Road**
Nachtmärkte über Nachtmärkte

> **Circle Line**
Mit der Eisenbahn einmal rund
um die Stadt

> **Kandawgyi-See**
Munteres Treiben unter Sonnen-
schirmen

VON SÄUFERN, PUPPEN UND FROMMEN WÜNSCHEN

In Rangun liegt das Hotel *The Strand*, einer der stilvollsten Kolonialschuppen Südostasiens, direkt am Großen Fluss, am Irrawaddy. Hier beschließt der Asien-Reisende den Tag mit einem tiefen Schluck Whisky. Es ist eines jener Häuser, die gegengleich in Singapur, Colombo oder Ho Chi Minh City stehen und in deren Bars sich einst die Herren Maugham, Greene und Orwell ihren Frust von der angegriffenen Leber schrieben. In der Hand hielten sie einen Sling oder Martini Sour, im Mundwinkel die Filterlose, unterm Tresen türmten sich Berge von Erdnussschalen und vor ihnen lag ein achtlos hingekritzeltes Manuskript. Heute hocken Pauschaltouristen, Globetrotter und Hermann-Hesse-Leser in den abgegriffenen Fauteuils. Die Kardinäle können sich nicht dagegen wehren, dass Novizen auf ihren Spuren saufen.

Sonntag am See in Rangun, nahe dem Karaweik Palace

Ich überquere einen Nachtmarkt, wo mit allem gehandelt wird, was Europäer zum Staunen bringt: Meeresfauna, Amphibien, Innereien, Devotionalien und jede Menge Ramsch. Das Angebot ist rabiat ungeordnet und verwirrend fremdartig. Gaffen und begafft werden. Kinder staunen, Mütter kichern, Männer umringen mich und halten mir ihre Waren unter die Nase. Ich bin auf der Suche nach dem Htwe Oo Puppet Theatre, einem der berühmtesten Puppentheater des Landes. Ein Wagen hält. Ich frage nach der Adresse, und der Taxichauffeur öffnet missmutig die Beifahrertüre. Nach einer Viertelstunde weiß ich weshalb: Das Theater befindet sich in der Parallelstraße des Marktes. Der Mann aber weiß sich zu helfen: Er nimmt einen lukrativen Umweg, vermutet er in mir doch einen direkten Nachfahren der Familie Rothschild.

Die Vorstellung entpuppt sich als Theater vom Feinsten. Der Zuschauerraum, der im Zivilleben offensichtlich das Wohnzimmer der Familie Htwe ist, umfasst zwar nur sechs Stühle, aber in Sachen Poesie hält es meinem europäischen Kunstanspruch mühelos stand. Mehr noch, in der Dunkelheit der Militärdiktatur glimmt hier, in der Vorstadt Ranguns, ein schwacher, aber markanter Lichtpunkt: der Schein der Märchen und der Fantasie.

Himmelswünsche

Im Zentrum von Rangun befindet sich die Sule-Pagode, ein „Tempel für alle Fälle", der während der Mittagspause oder auch während der Arbeitszeit aufgesucht wird. Praktisch und unpraktisch zugleich: Inmitten eines Innenstadtkreisverkehrs fristet der Besinnungsort kein ruhiges Dasein. Dafür aber bietet er eine Möglichkeit, die auch Skeptiker überzeugt: In der Mitte der Pagode ist eine Mini-Seilbahn installiert. Gläubige bestücken die kleinen Gondeln mit Wunschzetteln, und ab geht's bis ganz nach oben zur vergoldeten Kuppel des Mittelturmes. Fromme Bitten kommen hier dem Göttlichen ausgesprochen nahe.

IM BALLON ÜBER BAGAN

Die Kugel hebt sich und entschwebt in Richtung Himmel. Ein heißer Feuerball bläht die Plastikhaut zu ungeahnter Größe auf, im Korb darunter wird es heiß. Nicht unangenehm, denn am Morgen ist es hier noch empfindlich kühl. Rosafarbenes Licht liegt über der weiten Ebene von Zentralburma. Hinter dem Mount Popa geht die Sonne auf und verwandelt die Dächer der Pagoden in eine goldene Märchenwelt. Wie eine riesige Gouache liegen sie da, im morgendlichen Dunst, die steinernen Zeugen vergangener Jahrtausende. Aus etwa hundert Metern Höhe ist die Welt überschaubar.

Balloons over Bagan ist nicht die einzige Firma, die gestressten Touristen Einmaliges bietet: den unvergesslichen Ausblick über ein Weltwunder. Zweitausend Pagoden, Stupas und Klöster sind über eine Fläche von vierzig Quadratkilometern verteilt. Ihre erhabene Schönheit macht den Glauben an Buddhas Lehren begreifbar. Ob die mysteriöse Unendlichkeit des Alls oder das Rätsel um Tod und Leben – hier, in Anbetracht der Dimension menschlichen Strebens, wird der Ursprung des Glaubens nachvollziehbar. Aufwandloses Schweben und schwereloses Nachdenken über die Welt haftet lange im Gedächtnis. Ein paar Minuten nur, und der Himmel rückt ein Stück näher.

Dem Himmel nah

ÜBER DAS LÄCHELN

> **Nyaung Shwe Cultural Museum**
Geschichte zum Begreifen

> **Indein**
Das Pagodenfeld ist spektakulär.

> **Der schwimmende Markt von Ywama**
Einkaufen am Wasser

> **Inle-See**
Sehenswerte Stelzendörfer

DIE EIN-BEIN-RUDERER

Der Tag beginnt früh. Ich sitze in einem der bunten Boote am Ufer des Inle-Sees. Mein Fahrer stellt sich vor, er heißt Ag Ag. Aussprechen tut man das „Au Au". Ich lache. Er fragt nach meinem Namen. Ich sage: „Schotti." Er lacht ebenfalls. Das Wesentliche ist besprochen, es kann losgehen. Morgendlicher Dunst liegt über der spiegelglatten Oberfläche des Sees, hinter den Bergen blitzt zaghaft die Sonne hervor. Weiter vorne stakst ein Fischer über das Wasser, sein Bein ist um eine lange Ruderstange geschlungen.

Vor Jahren habe ich im Wiener Leopold Museum eine Ausstellung mit Arbeiten des wunderbaren Alberto Giacometti besucht. Eine Skulptur hat mich besonders beeindruckt: *L'Homme qui marche*. Giacometti muss sie gekannt haben, die Fischer vom Inle-See, die mit elegantem Schwung ihre Fischernetze auswerfen und grazil wie Insekten über das Wasser tanzen. Im Gegenlicht ähneln sie Scherenschnitten. Ich schließe die Augen. Lange habe ich davon geträumt. Ein See am anderen Ende der Welt, dort, wo die Sehnsucht den Himmel berührt.

Bagan entdecken

> **Bagan**
Über zweitausend Tempel
und Pagoden im Morgenlicht

> **Nyaung U**
Der Mani Sithu Market

> **Dhammayangyi-Pagode**
Ein Ort geheimnisvoller Mythen
und Geschichten

> **Shwesandaw-Pagode**
Sonnenuntergang für Profis

Die große Sichel

LIGURIEN – DAS GELOBTE LAND ITALIENS

Die Küste der Küsten hat die Form einer Sichel. An ihr entlang tastet man sich vor, vom Weltwunder Cinque Terre bis zur Blumenriviera, von Ventimiglia zurück nach La Spezia.

Am besten, man folgt seinem Instinkt und überlässt sich Land und Leuten. Wo sonst entdeckt man ähnlich malerische Häfen, verschwiegene Bergdörfer, flaniert durch extravagante Städte, kostet sich durch Küche und Keller und genießt die Geschenke des Lebens so vollkommen wie eben hier, an Europas wohl schönster Küstenlandschaft – Ligurien. Genusssüchtige, aufgepasst: Hier werdet ihr fündig! Sei es die Romantik enger Gassen, der Zauber steiler Küsten oder der Anblick der im letzten Licht des Tages endlos langen goldenen Sandstrände – das verführerische Flair eines der sinnlichsten Länder der Welt verfehlt seine Wirkung nicht.

Platz nehmen also auf der winzigen Piazzetta hinter der Marina von La Spezia, in der verschwiegenen Enoteca der Altstadt von Bordighera oder in einer der schicken Tavernen von Portofino, um sich dem Geschmack des Meeres hinzugeben. Man genießt den weiten Ausblick über die Bergrücken von Vasia bis hinüber zu den Stränden um das zauberhafte Städtchen Imperia, lauscht weit oberhalb der Steinhäuser von

Manarola den Rufen der Möwen und staunt über den Mut der Weinbauern, die sich wie Gletscherflöhe über die schroffen Abhänge der Steilküste zwischen Riomaggiore bis Monterosso al Mare bewegen, um die Ernte einzubringen.

„Ein magisches, schwierig zu malendes Land. Ich bräuchte Juwelen und Diamanten auf meiner Palette", befand der Impressionist Claude Monet über die Farben der malerischen Fischerorte – er meinte wohl das satte Grün bewaldeter Abhänge des ligurischen Apennin ebenso wie das tiefe Blau der See. Die Berge und das Meer – was für eine prächtige Symbiose! Das Land an der nordwestlichen Stiefelstulpe Italiens besitzt mehr als dreihundert Kilometer Küste. In Ligurien erfährt man von den Geheimnissen des Lebens. Hier hat der Herrgott selbst den Tisch gedeckt, und der Gläubige genießt den verschwenderischen Reichtum des Gebotenen. Man muss nur zu hören und zu sehen verstehen – von schmecken ganz zu schweigen.

DIE GROSSE SICHEL

La Spezia
Lebhafte Stadt und schöner Naturhafen. Wie geschaffen für Flaneure.

Sestri Levante
Malerische Altstadt, zwischen „Märchenbucht" und „Bucht der Stille"

Portofino
„Sehen und sterben!", „I lost my heart in Portofino!" Der magische Ort am Fuße des Parco Naturale Regionale di Portofino ist Poesie pur.

Genua
„La Superba". Die stolze Hauptstadt Liguriens, zwischen Mittelmeer und Apennin, lebt von ihren Gegensätzen: schmale Gässchen, üppige Boulevards, elegante Palazzi und verkommene Wohnburgen.

Cinque Terre
Die fünf Bilderbuchstädte, ein Weltkulturerbe Italiens

DEM HIMMEL NAH

Ich balanciere entlang eines schmalen Eselspfades, weit oberhalb des Dorfes Corniglia, als gehörte ich zum Ensemble der
legendären Seiltänzertruppe *Great Wallendas*. Obwohl der
Küstenabschnitt der fünf Nachbargemeinden (Cinque Terre)
nur zwölf Kilometer lang ist, schlängeln sich hoch droben an
den schroffen Hängen endlos lange Natursteinmauern dahin.
Ein bis zu siebentausend Kilometer langes Netz an Linien und
Kanten, das kreuz und quer, den expressiven Bildkompositio-
nen eines Jackson Pollock gleich, die Landschaft überzieht:
Es sind Begrenzungsmauern der seit vielen Generationen ver-
erbten, bis hoch zum Himmel aufragenden Weingärten. Die
Bauern sind an ihre Arbeit gewöhnt: Das Bestellen der zum
Teil briefmarkenkleinen Anbauflächen spielt sich entlang die-
ser Küstenpfade ab. Winzige Ortschaften und hübsche Wall-
An der Riviera   fahrtskirchen verführen den Wanderer zur Rast. Ich kann mich

nicht sattsehen an der weit unter mir aufschäumenden Gischt der anlandenden Wellen. Das Kreischen der Seeschwalben, das Rauschen des Meeres – ich schließe die Augen und bin dankbar für den Moment, der mich all dies erleben lässt, und den ich nie, nie wieder missen möchte.

Schmale Eisenstangen lehnen an den Steilwänden. Es handelt sich um Standseilbahnen, die vom Meer aus die Wände emporragen – anders lässt sich der Transport von Mensch und Material nicht bewältigen. Man staunt über den Mut der Weinbauern, die sich auf wackeligen Gerüsten bis hoch hinauf in die Wolken heben lassen.

Das viel geliebte Ligurien aber hat noch weit mehr zu bieten. Man folgt der Küste, lässt die aristokratische Schönheit Genua links liegen und nähert sich über die „Küste des Westens" in Richtung der französischen Grenze. Die Blumenriviera erwartet den Reisenden mit all ihren Reizen und Düften. Ihren Namen verdankt der Küstenabschnitt, wen wundert's, der überreichen Pflanzenwelt, die das mediterrane Klima begünstigt. Ob auf Feldern, an Hausfassaden, in Gewächshäusern, Parks oder auf Märkten – die Farbenpracht der Blumen ist berauschend. Man möchte es genießen, auf ewig: den Duft und die Aura des Landes.

Die Steilbahn

LIGURIEN EXTRA: DIE OLIVE

Gleich hinter der Küste Liguriens stehen die Olivenbäume sowohl in den fruchtbaren Tälern als auch am Abhang der nahen Berge. In der Umgebung von Taggia wächst die wohl aromatischste ihrer Art. Die Äste der uralten Bäume sind übersät mit der köstlichen Frucht, deren gepresster Saft die Delikatesse des „Ponente" darstellt. Die Taggia-Olive ist das Geschenk der Natur an den Menschen, macht sie die Bewohner des Landes doch wohlhabend. Ihr Öl bildet die Grundlage gesunder Ernährung. Der geringe Säuregehalt ist das Geheimnis ihres delikat-samtigen Geschmacks. DOP-Oliven und DOC-Trauben sind nicht nur Zeugen bewegter Vergangenheit, sie gelten auch als immerwährendes Versprechen für Fruchtbarkeit und Ertrag.

Orte zum Verweilen

Imperia
Zauberhafte Stadt am Schnittpunkt zwischen Riviera di Ponente (Küste des Westens) und Blumenriviera

Valloria
Dorf der bemalten Türen

Taggia
Sehenswerte mittelalterliche Stadt, inmitten endloser Olivenhaine

Sanremo
Mondäner Urlaubsort der oberen Zehntausend: Kasino, Villen, Parks. Ein Radausflug entlang der Küste ist ein großes Vergnügen.

„Retroterra", das Hinterstübchen Liguriens
Die Bergdörfer des westlichen ligurischen Apennin bieten Erlebnis pur.

VON HEXEN UND KÜNSTLERN

Gleich hinter den Hainen faltet sich das Land fast vertikal auf. Wer diesen Teil der Region entdecken will, braucht einen langen Atem – und viele PS. Scheinbar endlose Serpentinen und Passstraßen entführen den Besucher in eine sagenhaft zauberische Landschaft. Die Gipfel verschwinden zu jeder Tageszeit in undurchdringlichen Nebelschwaden und die mittelalterlichen Dörfer kleben wie Schwalbennester an den Felsen.

Triora, die Stadt der Hexen

Das einzigartige Städtchen Triora, eine 350-Seelen-Gemeinde, blickt auf eine grausame Vergangenheit zurück: Als im Jahre 1587 Unwetter zu Ernteausfällen führten, fand man bald schon die Schuldigen: Hexen. Die Frauen landeten auf dem Scheiterhaufen. Das Hexenmuseum liegt im Zentrum des unheimlichen Ortes und gibt Zeugnis dieses düsteren Kapitels Liguriens.

Ein deutlich helleres Örtlein ist Bussana Vecchia: Das Künstlerdorf mit seinen pittoresk verfallenen Häusern und der üppigen Vegetation wurde einst von einem Erdbeben zerstört, das die Bewohner begrub oder vertrieb. Anfang der 1960er-Jahre erblühte neues Leben in alten Ruinen: Eine internationale Künstlerkolonie fand sich ein, Maler und Literaten aus aller Herren Länder begannen mit dem Wiederaufbau – so lange und so gründlich, bis die Behörden dem Treiben ein Ende machten. Die Künstler wehrten sich, erfolgreich. Heute machen Ateliers, Galerien, Restaurants und Bars den Ort Bussana Vecchia zu einer unverwechselbaren Attraktion. Art meets business, business meets art. Why not. Auch das ist Ligurien.

Im Künstlerdorf
Bussana Vecchia

Die Null-Achter
STOCKHOLM – VENEDIG DES NORDENS

Trifft ein Stockholmer einen Göteborger. Sagt der aus Stockholm: „Wenn wir über euch sprechen, reden wir von Kalle oder Klas. Wie sprecht eigentlich ihr über uns?" „Gar nicht."

Hauptstädter sind teilbeliebt. Von den Schweden werden sie gar „Null-Achter" genannt – ihrer Telefonvorwahl wegen. Dabei sind die Stockholmer ohnehin schon benachteiligt genug. Die Wohnungsmieten erreichen Rekordhöhe: Im Stadtteil Östermalm muss man für ein möbliertes Zimmer innerhalb einer vielköpfigen Wohngemeinschaft schlanke siebenhundert Euro und mehr auf den Tisch legen. Stockholm ist um ein Vielfaches teurer als Restschweden, dafür aber doppelt so exklusiv. Alleine die Umgebung der Metropole im Osten des Landes, direkt am Zufluss zum Mälaren-See, ist einzigartig: Kleine Eilande („Schären"), wohin das Auge blickt. Nirgends sonst hat man derart viel Grünzeug vor der Schnauze, geschweige denn Wasser vor dem Bug, wie in Stockholm. Wen wundert's, heißt doch „Stock" hierzulande „Lager/Bestand" und „Holm" „Inselchen". Im Venedig des Nordens führen mehr als fünfzig Brücken zu gezählten vierzehn Stadtinseln – eine attraktiver als die andere.

Was man vom Bahnhof, der „Centralstation", nicht behaupten kann. Hier kommt man an – und will wieder weg. Am besten in Richtung Gamla stan, des malerischen Altstadtzentrums: bunte Häuser, enge Gassen, schmucke Plätze und jede Menge winziger Geschäfte. In der Stora Nygatan, der Hauptschlagader, stehen die Souvenirshops Backe an Backe. Gesprochen wird Türkisch, warum auch nicht, liegt doch der Andenkenhandel fest in osmanischer Hand. Nicht weit davon entfernt befindet sich ein schmales Gässchen, durch das zu gehen lange Zeit verboten war: Solange der König nicht hindurchpasste (die Näschereien der benachbarten Sundbergs Konditori schmeckten Seiner Majestät einfach zu gut), durfte es auch das Volk nicht versuchen. Kein Wunder, die Taille der Mårten Trotzigs Gränd misst gerade mal neunzig Zentimeter. Noch eine Kuriosität gefällig? An manch einer Straßenecke steht ein Obdachloser, der um Unterstützung bittet – praktischerweise baumelt um seinen Hals eine ID-Card, auf der die Bankverbindung für die milde Gabe vermerkt ist.

Gamla stan und König Gustav III.

Die Null-Achter sind kauzig, kein Zweifel. Von Kultur aber verstehen sie was. Widerspruch? Im Gegenteil!

Warum nicht ins Museum?

> **Kulturhuset**
Glaspalast aus den 1960ern: Kult

> **Moderna Museet**
Wo moderne Kunst zu Hause ist: wunderbar

> **Fotografiska**
Prachtvolles Museum für Fotografie: Klick!

> **Vasamuseet**
Vom Meeresgrund ins Museum: das Schiff Vasa

> **Nobelmuseum**
Heimat für Denker, Dichter und Wissenschaftler: Hut ab

NOBEL, NOBEL

An dem hübschen, kleinen Platz „Stortorget" befindet sich das Nobel Prize Museum. An der Kassa komme ich mit einer netten Dame ins Gespräch und erzähle ihr, dass ich einst in „meinem" Theater, dem Volkstheater Wien, das Stück *Mr. & Mrs. Nobel* von Esther Vilar aufgeführt habe. Es ging um die lebenslange Liebe von Alfred Nobel und Bertha von Suttner. Er, der schwedische Chemiker und Erfinder des Dynamit, der die Welt in die Luft sprengte, liebte eine Frau, die ihr Leben dem Frieden weihte. Welch eine Amour fou! Und was für ein prächtiges Museum, das allen je mit dem Nobelpreis Geehrten immerwährende Würdigung schenkt.

„Ich bin zwar nicht Teil der illustren Gesellschaft Ihres Hauses", sage ich scherzend auf Englisch, „... dennoch, das Stück, das ich produzierte, wurde auf Tournee geschickt und in Volksbildungshäusern zu mehr als kulanten Preisen gezeigt. Hat sich ein armer Rentner wie ich nicht zumindest eine ermäßigte Eintrittskarte verdient?"

Die Dame wendet sich an eine Kollegin und sagt in lupenreinem Deutsch: „Der Herr behauptet, er trägt keine Windeln mehr. Er fragt nach einer Jugendermäßigung." Darauf die andere, ebenfalls auf Deutsch: „Menschen mit Humor kommen bei uns umsonst rein. Die Wissenschaft ist ernst genug."

Ich bekomme ein Gratisticket. „Nobel" wird hier, so hat es den Anschein, auf der ersten Silbe betont.

Über den Plafond des Museums verläuft eine lange, gewundene Schiene, auf der Fotografien der Preisträger angebracht sind. Was für eine noble Idee: Die Geehrten sind im Himmel angekommen.

Das in einem historischen Zollhaus untergebrachte Fotografiska ist eines der schönsten Museen der Stadt. Hier kann man gut essen, und seinen Augen nicht trauen. „Nur der ist weise, der den wahren Augenblick erfährt", heißt es im Aufsatz eines weltbekannten Fotokünstlers. Wie wahr. Die guten Bilder knipst nur der, der die Quadratur des Kreises durch-

← Die Nobelpreisträger
   in Endlosschleife

↑ Im Fotografiska

schaut: die Atemlosigkeit des Moments, in Absprache mit der Geduld der Ewigkeit. Gute Fotografie ist wie ein Fenster zum Glück: Es erzählt die Geschichte des Abgebildeten und berührt die Seele des Betrachters. Im Fotografiska lernt man einiges über das Leben.

Museen berichten vom Vergangenen, geben Auskunft über Gegenwärtiges, vermitteln Visionen für die Zukunft – Bestandsaufnahmen, um daraus Schlüsse zu ziehen. Ich verbringe neuerdings mehr Zeit in den Schatztruhen des Lebens als in Theaterhäusern. Mir gefällt die unaufgeregte Muße des Denkens. Die Wahrheit der Kunst berührt mich, sie trennt Freimut von Kalkül. Ein Bild, eine Plastik, ein Foto. Ich schließe die Augen und versuche zu verstehen – ohne dass sich Interpretation und Analyse zwischen Künstler und mich drängen. Nach Stockholm kommt man (auch) der „Archive seiner Gedanken" wegen.

ÜBER TRÄUME

Die große Markthalle Saluhall im Stadtteil Östermalm bekam erst unlängst ein Facelifting verpasst. Nun kann sie es mit jenen von Lissabon, Barcelona oder Budapest aufnehmen. Ich

kaufe ein paar Krabbenbrötchen und eine Flasche Wein, schlendere über die Strandvägen, vorbei am prächtigen Hotel *Esplanade*, beobachte Linienboote, die Unmengen von Touristen in die prächtige Altstadt Stockholms übersetzen, und kann mich nicht sattsehen an den Yachten der Reichen und Schönen. Weiter vorne klettert eine Familie auf ein Ausflugsschiff, das sie weit, weit hinaus zu den Schären bringen wird, wo hoch oben auf den Klippen die rot gestrichenen Holzhäuschen stehen.

Ich erreiche die Stadtinsel Djurgården. Eine Brücke verbindet sie mit dem Festland. Drüben, in der Zauberwelt von Wasserschlössern und Kanälen, erobere ich die prachtvolle Gartenlandschaft des weltweit einzigen Nationalparks, der sich inmitten einer Großstadt befindet, lege mich in den Schatten eines uralten Baumes, öffne die Flasche Wein, verkoste ein paar von

Brücke zur Halbinsel Djurgården, darunter die Hotels *Esplanade* und *Diplomat*

den köstlichen Krabbenbrötchen und blicke hinaus auf die Stockholmer Bucht. Die Sonne lässt mich blinzeln, ich schließe die Augen, träume von Venedig, der südlichen Schwesternstadt – und bin einfach nur glücklich.

Land der Pintxos

AN DER BISKAYA –
BILBAO UND DAS BASKENLAND

Am Golf von Biskaya, im stolzen Norden Spaniens, dort, wo das miese Wetter zu Hause ist, lebt eines der eigenwilligsten Völkchen der Welt. „Autonomie" heißt der Begriff, den man wohl am ehesten mit den Basken verbindet.

Dickköpfig waren sie immer schon, behaupten doch die Herrschaften allen Ernstes, das Ballspielen (pelota) erfunden, erstmals Getreide gemahlen und als Brot verarbeitet, und ihr eigenes Schuhwerk geflochten zu haben (espadrilles). Die Basken sind also Ballschupfer, Bäcker und Pantoffler, sie sind beharrlich bis zur Sturheit und freiheitsliebend bis zum Exzess. Und: Die Basken sind es gewohnt, Grenzen zu überschreiten, leben sie doch sowohl diesseits wie jenseits der Pyrenäen – in Spanien und in Frankreich. Ihre Heimat ist das Baskenland und nichts anderes. Als Zeichen ihrer Zusammengehörigkeit braucht es keinen Pass, sie tragen ihre Identität auf dem Kopf: die Baskenmütze.

Die älteste und rätselhafteste aller Verständigungsmöglichkeiten Europas könnte nicht komplizierter sein – und heißt Euskara. Nichts trennt offenbar mehr als die gemeinsame Sprache, denn so klein das Gebiet der Basken auch ist, in beinahe jedem Dorf spricht man einen anderen Dialekt. Euskaldún nennen sich die Baskisch Sprechenden, heißt doch ihre Heimat von alters her Euskal Herria. Das Wissen um die Grammatik der eigenen Sprache aber ist keinesfalls selbstverständlich; diese weist nämlich nicht nur hochkomplexe Verben auf, sondern besitzt auch zwölf Deklinationsfälle, weswegen sich schon die Taferlklassler ihre Milchzähne daran ausbeißen. Die Basken sind eben ein eigenes Volk, umso mehr verwundert es, dass sie „Null-Grüppler" sind, weist doch ihr Blut medizinisch gesehen die weltweit höchste Konzentration der Blutgruppe null auf.

Die erste Anlaufstation einer Reise durch den wilden Norden Spaniens ist meist jene Stadt, die als *das* Zentrum moderner Architektur Spaniens gilt. Und spätestens damit ist bewiesen, dass es eine international verständlichere Sprache gibt als die der Worte: Kunst und Kultur. Besonders wenn sie so versiert dekliniert wird wie in Bilbao.

Bilbao:

↖ Theater Arriaga

← Casco viejo

↑ Zubizuri-Brücke

> **Siete Calles**
Durch sieben Gassen muss man gehen.

> **Puente de Vizcaya**
Älteste Schwebebrücke der Welt. Nur für Schwindelfreie

> **Eine U-Bahn zum Meer**
Mit der Linie 1 fährt man zu den Badeständen Las Arenas und Ereaga.

> **Museo Guggenheim**
Architektur ist mehr als die Gesamtheit eines Raumes. Frank O. Gehry verwandelt Inspiration in Staunen.

DER BILBAO-EFFEKT

Unter dem längst in den Sprachgebrauch übernommenen Begriff „Bilbao-Effekt" versteht man die Entwicklung einer Region vom hässlichen Entlein zum stolzen Schwan – meist aufgrund herausragender künstlerischer Intervention. Im Fall der vormals grauen Industriestadt Bilbao ist die Milchmädchenrechnung aufgegangen. Architekten aus aller Welt planten und bauten: Norman Foster die U-Bahn, Santiago Calatrava den Airport, das Architektenduo Soriano/Palacio das *Euskalduna*, einen Palast der Musik. Das Masterpiece aber besorgte der Altmeister selbst: Frank O. Gehry schuf mit dem Guggenheim-Museum einen Tempel der Kunst. Das Gebäude verbindet Konstruktion mit Komfort, Kühnheit mit Können. Gehrys Verbündete heißt Leichtigkeit. Kunst geht nicht von Kopf zu Kopf, sondern von Herz zu Herz.

> **Nationalpark Izki**
> Brutplätze der Gänsegeier

> **Küste bei Deba**
> Die Flysch-Klippen sind fünfzig
> Millionen Jahre alt.

> **Gernika**
> Museo de la Paz (Friedensmuseum).
> In der Stadt des Friedens tobte der
> spanische Bürgerkrieg. Picassos
> Meisterwerk *Guernica* wird hier
> lebendig.

> **Donostia/San Sebastián**
> Am Paseo de la Concha, dem
> kilometerlangen Sandstrand, ist
> das Baden im Atlantik ein Must.

> **Biosphärenreservat Urdaibai**
> Bosque pintado de Oma, der Wald,
> in dem Bäume zu Kunstwerken
> werden: Ibarrolas aufsehen-
> erregendes Land-Art-Project

> **Kloster San Juan de Gaztelugatxe**
> Über Stufen geht's in den Himmel
> hinauf.

TYPISCH BASKISCH

Bilbao ist ein kulinarisches Paradies, dessen Vielfalt die Früchte des Meeres und das Wild der Berge bestimmen. Die Liebe zu gutem Essen bedeutet für die Menschen hier mehr als nur Tradition, es ist Herzensbildung. Der Fantasie sind dabei keine Grenzen gesetzt. Zur internationalen Berühmtheit brachte es allerdings ein Brötlein. Anderswo heißt es Sandwich, Schnittchen oder Tapa: Der Pintxo (Pintscho) ist absoluter Häppchen-Kult und längst mehr als nur ein Sattmacher. Er ist ein Kunstwerk. Seine Vielfalt lässt sich nirgendwo sonst toppen, und die Lokaldichte der Pintxo-Bars ist rekordverdächtig: Nach zweihundert Theken in Bilbao habe ich zu zählen aufgehört. Gemüse, Fisch, Fleisch, Wurst, Käse, kombiniert mit Peperoni, Oliven und Anchovis, Krebsfleisch und Kaviar, Pilze, Muscheln und sonstige Seefrüchte. Auf den Brötchen gibt es nichts, was es nicht gibt. Die Küchenkunst wird vom Vater an den Sohn weitergegeben. Im Baskenland lebt ein Volk begnadeter Köche. Das aber wissen nur die Wenigsten. Zum Glück. On egin! Guten Appetit!

Bilbao genießen

> **Café Iruña**
> Bilbaos traditionsreichstes
> Kaffeehaus

> **Café Bar Bilbao**
> Aperitifs und herrliches Essen

> **Restaurante Victor Montes**
> Dinner vom Feinsten

> **La Olla de la Plaza Nueva**
> Pintxos genießen bis zum Abwinken

KUNST AN DER WAND

Lässt man sich durch Vitoria-Gasteiz, die Hauptstadt der autonomen Region Baskenland, treiben, trifft man auf riesige, bunte Bilder. Graue Mauern werden zu Kunstprojekten. Die meisten der urbanen farbenfrohen Wandmalereien entstanden in der Altstadt, später breitete sich der Krake „Graffiti" auch auf weitere Stadtviertel aus. Im Baskenland werden nicht nur Wälder, sondern auch Städte bemalt. Fremdenführer hetzen von Haus zu Haus und erzählen Interessierten das Blaue von den Wänden.

Jedes Haus ist ein Kunstwerk.

Ich sitze auf einem kleinen Platz und trinke ein Glas Rosado. Vor einer mit Efeublättern umrankten brüchigen Hausmauer steht ein Mann und verziert sie mit einer Figurengruppe. Mit großem Ernst vollendet er sein Werk. Dann betrachtet er es. Lange. Überlegt er, wie und in welcher Weise er seinen Namen unter das Bild setzt? Sinniert er nach einem passenden Titel? Der Künstler packt seine Siebensachen ein und verlässt den Platz. Ich nehme einen letzten Schluck und will mich ebenfalls auf den Weg machen, als aus einem der umliegenden Häuser ein kleiner Bub tritt. Es geht geradewegs auf das soeben vollendete Kunstwerk zu, blickt sich um, holt einen Stift aus seiner Jackentasche und krakelt etwas unter die Efeublätter, direkt neben die Figuren. So rasch wie er kam, verschwindet der Kleine wieder. Ich bezahle, schlendere hinüber zur Mauer, betrachte die Zeichnung und biege die Staude beiseite. In schwarzer Farbe stehen zwei Buchstaben da: „NI", das bedeutet „ich". Was sollte mir das Kunstwerk anderes sagen, als dass die Basken eben ein eigenes Volk sind, stolze Menschenkinder, die von sich auf andere, vom Ich auf alle schließen – und wieder retour.

ICH

Mädchen und Möwe
OPATIJA – DIE KAMELIENSTADT

Der Heimat nahe und doch weit genug entfernt.
Schon nach wenigen Fahrstunden ist die sloweni-
sche Grenze bei Spielfeld oder südlich von Triest
erreicht, oder von wo immer man anzureisen
gedenkt. Über Postojna geht es weiter in den
Süden bis nach Rupa, wo vorerst noch die Bergrücken Kroatiens die Sicht aufs Meer verstellen.

Bald aber schon öffnet sich das Land, und der Reisende wird
mit der Aussicht auf das vor ihm liegende Küstenpanorama
belohnt – im Dunst des hereinbrechenden Abends lassen sich
von hier aus die Inseln Krk und Cres erahnen. Dort, wo die E61
auf die Küste trifft, ist die Sehnsucht zu Hause – und das Meer.
Reist man über die istrische Goldküste in den Süden, passiert
man die wunderbaren Städte Umag, Poreč, Rovinj und Pula,
um dann die lang gestreckte Kvarner Bucht entlangzufahren.

Das Städtchen Opatija begann seine Karriere als Abtei
(italienisch „abbazia"), die unter dem Namen San Giacomo
al palo von Benediktinermönchen gegen Mitte des 13. Jahrhunderts gegründet wurde. Später übernahmen Augustiner
aus Rijeka das Kloster, noch später die ehrwürdigen Brüder
der Gefährten Jesu. 1840 wurde das Klostergelände um das
Schnäppchen von siebenhundert Gulden an den Holzhändler
Iginio Scarpa verkauft, der es zu seinem Feriendomizil erkor.

Nach Fertigstellung der Straße von Rijeka nach Lovran wurde aus Abbazia ein Seebad mondänen Zuschnitts, wachgeküsst

vom Generaldirektor der altehrwürdigen Südbahn-Gesellschaft, Friedrich Julius Schüler. Der verliebte sich nicht nur in den pittoresken Küstenstreifen der Kvarner Bucht, Herr Schüler plante sorgfältig: Sowohl die Eröffnung der Dampfschifffahrtslinie Rijeka–Opatija als auch die Anbindung an die Südbahn-Linie Wien–Triest war Teil einer beispielhaften Marketingstrategie, die das Städtchen in einen wahren Bauboom trieb. Innerhalb kurzer Zeit entwickelte sich aus dem verschlafenen Badeort eine der elegantesten Ferienadressen der Monarchie. Schüler war der Steigbügelhalter. Abbazia wurde zum Monaco des Südens. Das neu gebaute Anwesen, das der Holzhändler Scarpa nach seiner verstorbenen Frau „Villa Angiolina" benannt hatte, übernahm das mährische Adelsgeschlecht Chorinsky, später die Schüler'sche Südbahn-Gesellschaft. Niemand Geringerer als das Thronfolgerpaar Rudolf und Stephanie von Österreich-Ungarn verbrachte hier die

Sommerfrische. 1910 wurde die Villa mitsamt Musikpavillon und Park, voll von exotischen Gewächsen, um zweieinhalb Millionen Kronen verkauft. Zu diesem Zeitpunkt waren Abbazia und die Villa Angiolina längst der Treffpunkt der oberen Zehntausend der Kaiserstadt.

Opatija genießen

> **Die Villen und ihre Geschichten**
Spazierweg durch die Vergangenheit

> **Villa Angiolina**
Blühende Oase am zauberhaften Stadtstrand

> **Die Kamelie**
Im Frühjahr verwandelt sich Opatija in eine Blumenstadt.

> **Hotel *Kvarner***
Auf der Terrasse sitzen und das Leben genießen

> **Der Lungomare**
Küstenweg von Volosko und Opatija nach Lovran

AM MEER

Der überirdisch schöne Lungomare lässt mich alles vergessen, was ich an prachtvollen Küstenwegen im Laufe meiner
Reisen begangen habe: Havannas Malecón, den Lido vor
Venedig oder den prachtvollen Marine Drive in Mumbai. Jeder Abschnitt dieses romantischen Weges klingt nach dem
Vers eines Dichters. Der polnische Autor Henryk Sienkiewicz
schrieb:

Luft und Stille fehlen nicht. (...)
Am Himmel ruhen hohe, weiße Wolken,
Weshalb das Meer einem blassblau vorkommt.

Oder James Joyce:

Rain has fallen all the day
O come among the laden trees:
The leaves lie thick upon the way
Of memories

Literaten und Nobelpreisträger beschrieben ihren Aufenthalt an der Kvarner Bucht, und sie alle waren süchtig nach der aristokratischen Schönheit dieser Küste.

Man blickt hinaus auf die Weite des Meeres, und eine dem Ruhesuchenden innewohnende Sehnsucht nach Muße erfüllt sich mit jedem Wimpernschlag. Die Rufe der Möwen, der Gesang der Wellen klingen wie ein vielstimmiges Liebeslied. Teils aus dem Fels gesprengt, teils am Wasser entlang führt der Weg vorbei an mediterranen Gärten, mondänen Hotels und schicken Terrassencafés. So spaziert der Reisende vom Fischerort Volosko kommend durch Opatija bis zum lieblichen Städtchen Lovran. Und auch dort erinnern herrschaftliche Bauten, umgeben von Kirschbäumen, Esskastanien und Lorbeerbäumen, an die Geschichten längst vergangener Tage, in denen das zauberhafte Seebad am Lungomare seine große Zeit hatte.

Der Küstenspaziergang beschenkt den Sehnsuchtsvollen mit innerer Kraft und Inspiration und weckt in ihm eine wehmütige Neugier nach einer literarisch vergoldeten Zeit.

Von Volosko nach Lovran

DER FLUG DER MÖWE

Was symbolisiert poetischer die Freiheit und die unendliche Weite des Meeres als die Unschuld jener elfengleichen Mädchenstatue, die auf einem Felsen zu Füßen des Ferienortes steht und hinaussieht bis zu jener Grenze, an der der Himmel das Wasser zu berühren scheint? In ihrer Rechten breitet eine Möwe die Flügel aus, um sich im nächsten Moment in die Luft zu erheben und in Richtung Hoffnung zu entschwinden. Ein Bild, das mir nicht aus dem Sinn geht.

Am Abend, wenn ich von meinen Erkundungstouren an der Kvarner Bucht zurückkehre, hat sich der Vogel längst wieder dort niedergelassen, von wo aus er am Morgen aufgebrochen war: auf der Hand des von späten Sonnenstrahlen in zärtliches Licht getauchten Zauberwesens. Mädchen und Möwe wachen über das Meer – wohl auch über die Liebe. Das Abendlicht legt glitzernde Edelsteine auf die Wellen und der Wind streicht sanft darüber. Die Kvarner Riviera zählt zu den zauberhaftesten Küstenabschnitten der Welt.

Ich sitze auf einer Terrasse, hoch oberhalb des Meeres. Manchmal, wenn ich einen Gedanken fasse, stelle ich das Weinglas beiseite und versuche, ein paar jener Bilder festzuhalten, die ich später, wenn die blaue Stunde vorüber ist und sich die Welt zum Schlafen niederlegt, in Worte fasse. Mich treibt die Liebe um.

Das Mädchen und die Möwe

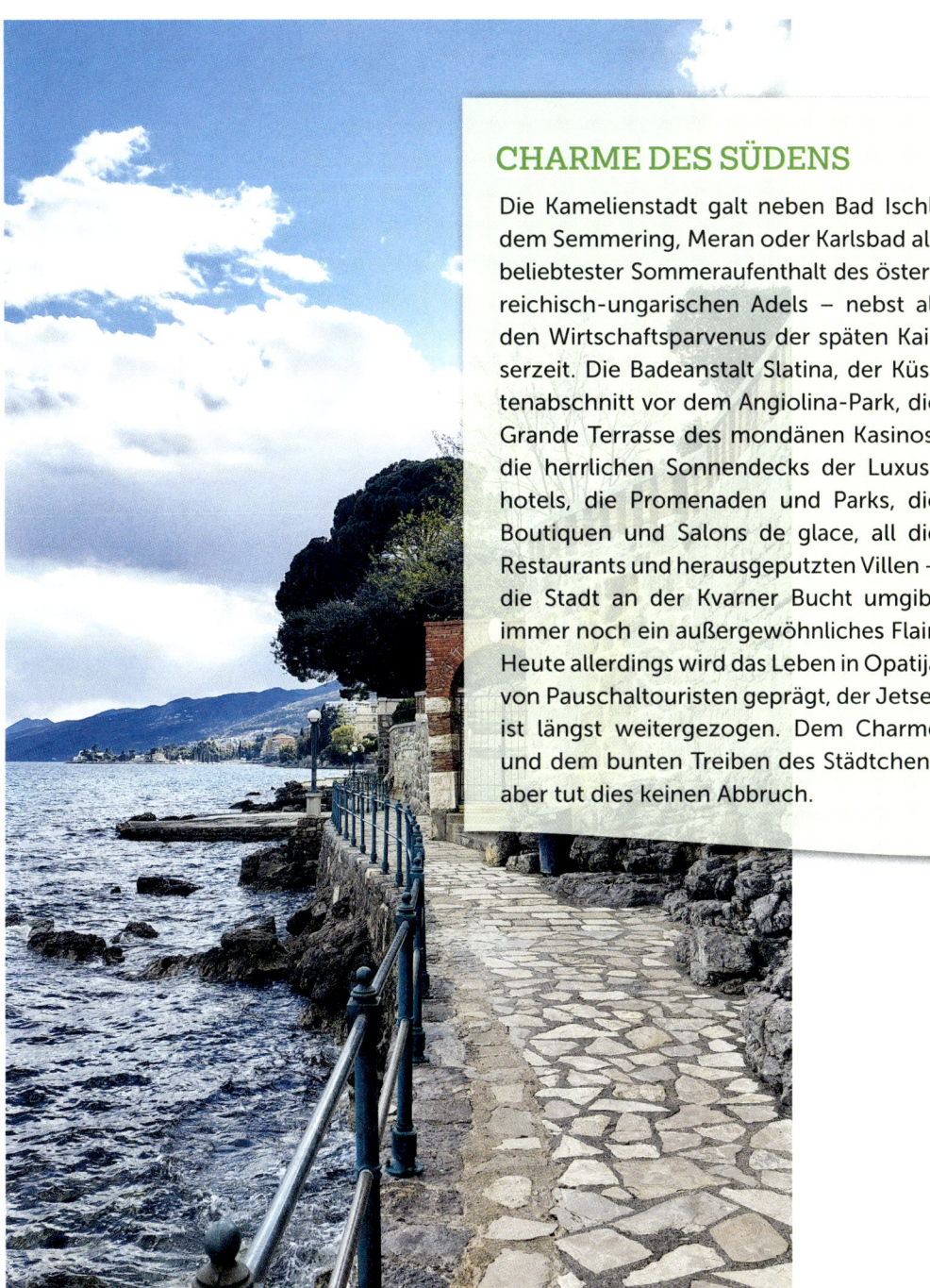

CHARME DES SÜDENS

Die Kamelienstadt galt neben Bad Ischl, dem Semmering, Meran oder Karlsbad als beliebtester Sommeraufenthalt des österreichisch-ungarischen Adels – nebst all den Wirtschaftsparvenus der späten Kaiserzeit. Die Badeanstalt Slatina, der Küstenabschnitt vor dem Angiolina-Park, die Grande Terrasse des mondänen Kasinos, die herrlichen Sonnendecks der Luxushotels, die Promenaden und Parks, die Boutiquen und Salons de glace, all die Restaurants und herausgeputzten Villen – die Stadt an der Kvarner Bucht umgibt immer noch ein außergewöhnliches Flair. Heute allerdings wird das Leben in Opatija von Pauschaltouristen geprägt, der Jetset ist längst weitergezogen. Dem Charme und dem bunten Treiben des Städtchens aber tut dies keinen Abbruch.

Weg ins Paradies

MARRAKESCH – VERWIRREND, EXOTISCH, AUTHENTISCH

„Die Stadt wird dich verführen!", sagte ein Freund. Er sollte recht behalten. Sie umfängt mich mit all ihren Reizen. Sinnlich und lasziv, duftend nach Safran, Jasmin, Rosenwasser und Minze, stinkend nach Kloake und Pisse. Im Stadtteil Gueliz gibt sie sich fashionable, drüben in der Medina als wäre sie im Mittelalter versunken.

Marrakesch ist betörend schön und abstoßend hässlich, immer aber voll von Leben. Und Farben. Und Liebe. Verwirrend. Exotisch. Authentisch.

Jede Herrscherdynastie schmückte sich mit einer anderen Blüte. Bei den Almoraviden, Almohaden und Saadiern war Marrakesch erste Stadt des Landes, die Alawiden setzten auf Meknès, die Idrisiden und Meriniden wieder erkoren Fès zur Hauptstadt Marokkos. Heute regiert Mohammed VI. von Rabat aus über sein Land, trotzdem sich längst eine andere Stadt zur größten des Königreiches entwickelt hat: Casablanca. Immer noch also rittern die Königsstädte um die Vorherrschaft, insbesondere um die Gunst der Reisebüros.

Die „Rote Stadt" Marrakesch trägt zweifellos den Sieg davon. Keine andere Stadt verbirgt ähnlich viel Liebreiz unter ihrer Takschita wie sie. Lass dich betören, Fremder! Verirre dich in den schmalen Gassen der Medina, spaziere durch pracht-

Im jüdischen Viertel von Marrakesch

volle Gärten, erobere das Labyrinth der Souks, entdecke Paläste und Hinterhöfe, folge exotischen Gerüchen und probiere all die geheimnisvollen Speisen aus den Kochbüchern von Tausendundeiner Nacht. Marrakesch ist die Göttin des Maghreb.

Etwa hundertfünfzig Kilometer von der Küste entfernt beginnen bald nach den Stadttoren die Ausläufer des mächtigen Gebirgszuges, des Hohen Atlas. Während tagsüber die Hitze Afrikas den Menschen den Atem raubt, sind die Nächte kühl und trocken. Die aber verbringt man am besten in einem der gut verborgenen Privathäuser, genießt deren orientalischen Luxus und lässt sich im Innenhof mit einem Thé à la menthe verwöhnen.

Marrakesch ist in jeder Beziehung eine Reise wert. Rituale und Hightech, Tradition und Moderne – all das findet der Reisende vor, kaum dass er den tiefgekühlten Menara Airport hinter sich lässt und eine Welt betritt, die aus Märchen, Mythen und jeder Menge Minzblätter besteht.

Pastilla
Traditionelles Festessen. Der Teig wird mit Fleisch, Huhn oder Tauben, gefüllt, dazu gibt es reichlich Gemüse.

Harira
Passierte Gemüsesuppe, darin Bohnen, Linsen, Kichererbsen nebst allen Gewürzen des Orients

Tajine
In einem tönernen, zylindrischen Gefäß schmurgeln Fleisch und Gemüse so lange, bis sie zu einem göttlich-saftigen Eintopf gegart sind.

Tanjia
Ähnlich wie oben, nur dass das Schmorgut in eine Amphore gefüllt wird, die an ihrer Oberseite verschlossen ist

Fladenbrot

Danach: Jede Menge Süßigkeiten und frisches Obst

Zum Trinken: Thé à la menthe, Tafelwasser

ZU GAST IM RIAD

In einem der verzauberndsten Länder der Welt lassen Kenner die Touristenhotels links liegen und begeben sich auf die Suche nach dem „Paradiesgarten". So und nicht anders lautet die wörtliche Übersetzung des Begriffes „Riad". Gemeint ist eines jener unzähligen Stadtpalais mit gartenähnlichem Innenhof, die sich hinter unscheinbaren Mauern verbergen und private Unterkunft anbieten. Es braucht schon eine gehörige Portion Mut, sich von einem der ortskundigen Guides durch das Labyrinth der schmalen Gassen führen zu lassen, um endlich vor einem mit Eisennägeln verzierten Tor anzuhalten. Weder Hausnummer noch Türschild ist daran befestigt – weshalb auch, hier wohnen Einheimische, zu denen der Reisende ja schließlich gehören möchte. Der Guide schlägt mit einem eisernen Türklopfer gegen das Portal, woraufhin sich dieses wie von Zauberhand öffnet. Das Gezirpe aufgescheuchter Vögel, die in der Blütenpracht einer riesigen Bougainvillea Wache halten, der zarte Duft frisch geschnittener Rosen, das Plätschern des Springbrunnens in der Mitte des mit Abertausenden Mosaiksteinen ausgelegten Innenhofes, ein Kännchen mit heißem Pfefferminztee – all das beglückt den

Riad Hayati

Neuankömmling und lässt den beschwerlichen Anmarschweg vergessen. Man wird willkommen geheißen, nimmt Platz, genießt den Geruch von Orangenblüten und Patschuli sowie den kühlenden Schatten, der vor den Sonnenstrahlen des heißen Tages schützt.

Viele Häuser wurden zusammengelegt und zu einem kleinen Stadtpalast umgestaltet. Hier, in dem von dicken Mauern umschlossenen Eiland, bleibt man nicht lange Gast – man fühlt sich bald schon wie zu Hause. Das Zimmer, das man bewohnen darf, geht auf den Innenhof, die übrige Welt bleibt außen vor. In den kühlen Gemächern, die als Essräume genutzt werden, lebt die Vergangenheit des Landes. Holzdecken, Fresken, Kachelornamente verzieren die Säle, Pölster und Decken schützen orientalische Möbel, auf den Marmorböden liegen Berberteppiche und im Kamin knistern an kühlen Abenden Holzscheite. Das Serail eines Sultans könnte nicht luxuriöser sein.

In einem Riad gibt es keinen Schlüssel, wozu auch, wo man sich wohlfühlt, verriegelt man keine Tür. Die Eingangspforte wird zu jeder Tages- und Nachtzeit von einem guten Geist des Hauses bewacht. Und da die Türen und Fenster der Fremdenzimmer allesamt in den Innenhof führen, bekommt man bald auch vom Leben der übrigen Gäste erzählt. Doch keine Angst vor allzu großer Nähe – die Anonymität eines Touristenhotels ist bei Weitem bedrückender als die offene Atmosphäre eines Privathauses.

Der Tag in einem Riad beginnt mit einem üppigen Frühstück und schließt, so man möchte, mit einem luxuriösen Dinner. Der Tisch ist dann mit Blumen geschmückt, die Gläser funkeln im Kerzenschein der Kandelaber, das Tafelsilber glänzt und auf dem Porzellan der Teller befindet sich nicht selten das Familienwappen des Patrons. Das Wohnen wird zelebriert wie nirgendwo, und der wohlgelittene Gast ist hier nicht Gast, sondern Kalif.

VERGILS WEG

Ein Spaziergang durch die Stadt gleicht einer Reise auf den Spuren des Dichters Vergil durch Dantes *Göttliche Komödie*. Wo sonst durchmisst man Inferno, Purgatorio und Paradiso in so kurzer Zeit? Der Platz Jemaa el Fna, *die* Attraktion des touristischen Marrakeschs, liegt im Zentrum der Altstadt und fungierte in früheren Zeiten als Richtstätte. Am „Platz der Zerstörung" wurde geköpft und gehenkt, was das Zeug hielt. Wo, wenn nicht in einem Land, in dem Religion und Staat eine Allianz bilden, liegen Schuld und Sühne näher beisammen – und das sensationslüsterne Volk, das sieht dabei zu. Abschrecken

Straße in
Marrakesch

heißt Vorbeugen. Den Richtern war's recht, und die Henker walteten ihres Amtes. Kaufleute, Zahnbrecher, Gaukler, Schlangenbeschwörer und Garküchenbetreiber tummelten sich auf dem riesigen Platz und machten zur Richtstunde gute Geschäfte. Die Symbiose zwischen Tod und Leben war im Halsumdrehen geschaffen, und sie hält bis heute an. Zwar kamen in neuerer Zeit ein paar Fruchtsaftbuden und Folkloretänzer hinzu, das Gesetz des Überlebens aber ist unverändert. Wer der Touristenhölle mit Leib, Leben und gesundem Geldbeutel entkommt, hat es bis ins Fegefeuer geschafft. Der Weg zur Erlösung allerdings verlangt dem Wanderer noch eine weitere Prüfung ab.

In Marrakesch entspricht die labyrinthische Medina mit ihrem Souk Dantes Purgatorio. Die mittelalterliche Shoppingmall hat es in sich. Gnadenlos wird der Fremde dem Zauber orientalischer Verführungskunst ausgesetzt: Die Jagdsaison ist eröffnet, denn kaum setzt der Büßer seinen Fuß in die vom Tageslicht fahl beleuchteten Gänge, überfällt ihn eine alle Sinne betäubende Flut an Gefahren und Gerüchen. Abgaswolken

← Am Jemaa-el-Fna-Platz

↑ Im Souk

von Mopeds, verdauende Esel, umstürzende Gemüsekarren, Botenläufer, die sich ihren Weg freispucken, Essensgerüche, Parfumschwaden und der beißende Geruch von Garküchen: Das Fegefeuer hält für jeden etwas bereit, und seien es auch nur Helping Hands, die flink nach Rucksäcken greifen. Daneben werden Waren aller Art angeboten: Fleisch, Teppiche, Silberwaren, Gewürze, Lederpantoffeln, Krimskrams und Kokolores. Wer will noch mal, wer hat noch nicht? Verängstigt taumelt der Hilfesuchende durch das Chaos, indes sich Trauben von Ortskundigen mit ihm verbrüdern, um gegen kleines Geld den Weg zu weisen. Spätestens wenn das Quartier des tanneurs erreicht ist, entgeht man seiner alttestamentarischen Strafe nicht. Der Gestank, in dem die Ärmsten der Armen ihrer erbärmlichen Arbeit nachgehen, bleibt unvergesslich. Hier heißt es: Nase zu und durch! Vorbei am Musée du Parfum stolpert man endlich einem der mächtigen Medina-Tore zu, und wenn man Glück hat, eröffnet sich einem dort das goldene Licht des zu Ende gehenden Tages.

Gueliz heißt das schicke Viertel der alten Königsstadt. Palmenalleen, blühende Jacaranda-Bäume, Villen inmitten prachtvoller Gärten, übersät mit Bougainvilleas. Hier wohnt,

Museum Yves Saint Laurent und Jardin Majorelle

wer es sich leisten kann. Mit der mittelalterlichen Innenstadt hat dieser Stadtteil nichts zu tun. Ein französischer Modeschöpfer hat hier vor Jahren nach seiner Sehnsucht Ausschau gehalten – und sie gefunden. Der Jardin Majorelle ist eine Offenbarung aus Natur und Poesie, ein Garten der Inspiration, angelegt vom Malerfürsten Jacques Majorelle, Jahre später verfeinert vom Genius Yves Saint Laurent mit Sinn für das Schöne und Teure. Hier wähnt sich der nach Erlösung Suchende am Ziel: Bambushaine, Agaven, Wasserbecken, exotische Hölzer, Blumen und Kakteen – und eine „Villa", die die Pracht Arkadiens in den Schatten stellt. Das Abendrot Marokkos lässt die Farben des Modeschöpfers noch leuchtender erstrahlen, als sie es ohnehin schon sind: Blau, Orange, Mauve, Gelb. Nirgendwo möchte man länger verweilen als eben hier. Der Weg Vergils ist beschritten, das Paradiso erreicht.

Palais de la Bahia

„Die Strahlende", wie der Palast genannt wird, ist eine grandiose Flucht von Sälen und Höfen. Eine exotische Welt, die allen Luxus orientalischer Herrscher repräsentiert.

Koutoubia-Moschee

Weithin schallt der Ruf des Muezzins, der vom hohen Minarett die Gläubigen zum Gebet ruft. Apropos: Nichtmuslimen ist der Eintritt in das im maurischen Stil errichtete Wahrzeichen Marrakeschs verboten. Dennoch: Ansehen und bewundern – nur eben von außen

Palais El-Badi

Die einst größte und prächtigste Palastanlage des Maghreb liegt inmitten einer Parkanlage und ist von einer stattlichen Mauer umgeben. Steinerne Zeugen längst vergangener Pracht

Medersa Ben Youssef

Das schönste Gebäude der Stadt. Die Koranschule umschließt einen beeindruckenden Innenhof, von dem aus sich ein Labyrinth unzähliger Räume verzweigt.

Koubba el-Baadiyn

Gegenüber der Ben-Youssef-Moschee liegt ein Kleinod der besonderen Art: die Koubba („Kuppel") eines Pavillons, der sich jahrhundertelang unter der roten Erde verbarg.

Die goldene Stadt
PRAG – JUWEL AN DER MOLDAU

„Prag lässt mich nicht los. Mütterchen hat Krallen."
Franz Kafka hat dies geschrieben und man begegnet
dem großen Sohn auf Schritt und Tritt. Sein zeit-
weiliges Wohnhaus am ehemals beschaulichen Alt-
städter Ring ist längst zu einer Touristenattraktion
verkommen.

Trauben von Menschen lauschen den Ausführungen der
Fremdenführer, wenden sich bald schon ab und neuen Zie-
len zu. Die Stadt ist Sightseeing, Souvenir und Schnäppchen.
Man tut ihr aber unrecht, nur diese eine Seite zu sehen. Prag,
das sich elegant an die Kaimauern der „Moldauer Uferschlei-
fe" schmiegt, ist ein städtebauliches Schmuckstück und gilt
als die Wiege europäischer Literatur des 20. Jahrhunderts.
Auf Stadtterritorium liegt dazu noch Bemerkenswertes: Das
romantische Šárka-Tal und die Schlucht von Modřany, zwei
außergewöhnliche Naturlandschaften.

Die Hauptstadt Tschechiens liegt nicht nur in der Mitte
ihres Landes, sondern auch Europas. Das war nicht immer
so. Das Land gehörte dem kommunistischen Osten an. Die
Menschen aber haben um ihre Freiheit gekämpft und sie zu-
rückgewonnen. Die Česká republika, die sich aus den Län-
dern Čechy und Morava (Böhmen und Mähren) sowie Teilen
von Slezsko (Schlesien) zusammensetzt, ist aus dem Herzen
des Kontinents nicht wegzudenken und hat europäische Geschichte geschrieben.

Auf Becherovka-Tour

Das goldene Prag ist zu jeder Jahreszeit eine Reise wert. Aber Achtung: Auf dem Katzenkopfpflaster der verschwiegenen Gässchen rund um die Karlova oder den Teynhof muss man schon trittfest sein, um nicht auszurutschen und in einer der unzähligen gemütlichen Kneipen und Bars verlustig zu gehen.

Die Stadt erobert man am besten zu Fuß. Am Abend belohnt man sich in einem der zahlreichen, auf dem Wenzelsplatz gelegenen Fußmassage-Salons, um das Gehwerkzeug wieder auf Vordermann zu bringen. Was für ein sinnliches Vergnügen! Und wenn man dann einem der meist von kopfwackelnden Indern betriebenen Souvenirläden einen Besuch abstattet, wird das Labyrinth der Innenstadt nur noch verwirrender, steht doch im Regal neben Schneekugeln, Marionetten und Schwejk-Aschenbechern genügend Hochprozentiges: Becherovka, ein Magenbitter der besonderen Art. Man genießt die süßlich-angenehme Schärfe, strebt dem nächsten, später dem übernächsten Laden zu ... Und hat man erst genügend Flüssigkeit getankt, vermeint man ihnen allen zu begegnen, den Genies der Stadt: Neruda, Hašek, Rilke, Werfel, Kisch, Kohout, Havel, Kundera, Seifert. Sie alle haben den morbiden Charme und das besondere Flair Prags beschrieben. Niemand anderer aber als der Himmelsvater selbst hat ihre Schönheit besungen, und zwar mit goldener Stimme: Gott, Karel. Aber der ist leider auch schon Geschichte.

Dort muss man hin

❯ Hlavní nádraží
Auf Prags prachtvollem Jugendstil-
bahnhof kommt man an.

❯ Faust-Haus am Karlsplatz
Alchemisten und Vampire wohnten
hier einst. Heute angeblich nicht
mehr.

❯ Karlsbrücke
Einmal hin, einmal zurück.
Das bringt Glück.

❯ Gemeindehaus
Schönstes Jugendstilhaus der Stadt

❯ Hradčany
Prags Machtzentrum. Von hier aus
wird regiert.

❯ Franz-Kafka-Museum
Prag – Die Welt in seinem Kopf

ÜBER DIE LIEBE

Der Vater neigt sich zu seinem Sohn hinunter. „Es sieht ganz so aus, als ob du an mir hängst, mein Sohn?"

„Ich hänge nicht an dir, Vater. Ich hänge an meinem Führer." Er sieht nach oben und zupft am Faden, der an seinem Kopf befestigt ist.

„Du musst achtgeben, was du sagst, Hurvínek."

„Keine Angst, Vater, ich bin schon fast groß."

„Wann du groß bist, bestimme ich, mein Sohn."

„Ich dachte, das bestimmt das Leben?"

„Aber ich habe es dir geschenkt, Hurvínek!"

„Ohne dass ich dich darum gebeten habe?"

„Deine Mutter hat mich darum gebeten."

„Ist sie an dir gehangen, Vater?"

„Sehr sogar. Und ich an ihr. Und wir beide an dir. Das tun wir übrigens immer noch."

„Ist es das, was mir manchmal wehtut?"

„Liebe tut immer weh."

„Und doch ist sie schön?"

„Schöner noch, als ich es sagen kann."

„Obwohl sie wehtut?"

„Obwohl, mein Sohn. Obwohl."

Die Poesie der Dialoge zwischen Vater Spejbl und seinem Sohn Hurvínek ergibt sich aus der Mischung von groteskem Humor und Alltagssatire. In der Dejvická 38, im Stadtteil Bubeneč, sind die beiden Puppen zu Hause. Das Theater ist zwar klein, aber weltberühmt. Und während Vater und Sohn immer noch die Gleichen sind, gehören ihre Drahtzieher längst einer anderen Generation an. Es ist der Zauber der Leichtigkeit, gepaart mit Witz und Esprit, der die Köpfe oberhalb der Puppen auszeichnet. Nicht umsonst gilt Prag als die „Mutter der Künstler": Musiker, Dichter, Maler, Architekten, Puppenspieler. Während ich durch die engen Gassen der Judenstadt spaziere, höre ich dem Flüstern des Windes zu, der vom Talent ihrer Söhne und Töchter erzählt.

> Gulasch mit Knödel im *U Dvou koček*

> Die herzhafte Suppe **Kulajda** mit Erdäpfeln, Pilzen und pochiertem Ei schlürft man in jeder zweiten Schenke.

> Im *Rybí trh* wird der „frischeste Fisch Europas" (New York Times) serviert.

> Fleischtiger delektieren sich an Damhirsch, Lammknie oder „Alles vom Rind" im *Pod Věží*.

> Auf ein „Menü" (Apfelstrudel, Schlagobers, Kaffee und Eierlikör) geht man zur Abrundung ins prächtige Jugendstilcafé *Kavárna Obecní dům*.

DER MANN AUS LEHM

Ich stehe in einem der ältesten Teile der Prager Josefstadt, dem jüdischen Friedhof, wo die Juden jahrhundertelang Eingang ins „Haus der Ewigkeit" fanden. Der Grabstein des Gelehrten Jehuda Löw ben Bezalel, besser bekannt als „Rabbi Löw", wurde zum Sinnbild des mystischen Prags. Nirgendwo sonst vermischen sich Glaube und Legende, Überlieferung und Gottesfurcht inniger als im ehemaligen Ghetto. Gab es sie wirklich, die sagenhafte Lehmfigur, „Golem" genannt, deren Erschaffen dem Oberrabbiner Löw zugeschrieben wird und die Furchtsame nachts durch die düsteren Gassen der Prager Josefstadt huschen sahen? Athanasius Pernath kommt mir in den Sinn, Gemmenschneider zu Prag, die Hauptfigur aus Gustav Meyrinks Roman. Eines Tages bekommt Herr Pernath Besuch von einem geheimnisvollen Mann, der ihm ein Buch anvertraut, das ihn mit seiner Vergangenheit konfrontiert und mit einer bislang nicht wahrgenommenen Geistes-

Karlsbrücke –
einmal hin
und zurück

DIE GOLDENE STADT

krankheit. Auf der Suche nach Erinnerung durchmisst Pernath ein Labyrinth aus Gängen und Treppen, bis er ins „Zimmer ohne Zugang" in der Prager Altschulgasse gelangt, in dem der mystische Golem haust – der sich, kaum dass er erscheint, in Luft auflöst.

Etwa zwölftausend Grabsteine stehen auf dem Friedhof dicht an eng, die meisten von ihnen sind mit Moos überwachsen. Die Vergangenheit rückt der Gegenwart an den Kragen. Deutlich mehr Tote, als es Grabsteine gibt, sind hier zur ewigen Ruhe gebettet, denn die jüdische Tradition verbietet es, Gräber aufzulösen. Mit der Zeit wurde der Platz so knapp, dass man die Verblichenen übereinanderstapelte.

Mit dem Ende des Judenviertels in der Mitte des 19. Jahrhunderts etablierte sich in Prag eine Literaturszene, die in den Gassen zwischen Altneusynagoge, Spanischer Synagoge und Pinkas-Synagoge das Geheimnisvolle aufspürte. Begibt man sich auf deren Spur, gerät man selbst in Gefahr, sich in den von Surrealität überfrachteten Romanen zu verlieren, und je weiter man sich auf geheimnisvolles Terrain vorwagt, desto eher findet man sich im eigenen Ich wieder. Stellt die Figur des Golems am Ende doch nur jenen Fährmann dar, der den Leser auf seiner (letzten) Reise begleitet?

Hier trank der brave Soldat sein Pivo.

Ich verlasse die Judenstadt und suche die Bierstube *U kalicha* („Zum Kelch") auf, wo auch Väterchen Schwejk sein „pivo" trank. Viele Gedanken gehen mir durch den Kopf. Zum Beispiel dieser: In dem Maße, wie sich das einstmals so geheimnisvolle Prag zur modernen Metropole entwickelte, findet man, vielleicht schneller als man denkt, den umgekehrten Weg: den der Mystifizierung einer lange schon entmystifizierten Welt.

Radeln, Rauchen, Rotlichtviertel

AMSTERDAM IST EINE REISE WERT

Wasseradern überziehen das brettlflache Land mit einem imaginären Gitter an Linien und Furchen und erinnern dabei an Arbeiten des Künstlers Graham Fink, dessen Blätter Bleistiftstriche zieren, als wollte er das Muster eines Vogelzuges nachzeichnen, das im Frühjahr und Herbst den Himmel schmückt.

Der Zauber von Deichen und Dünen, das engmaschige Muster an Wegen, die üppige Tulpenfelder säumen, und die seit Jahrhunderten um die eigene Achse rotierenden Flügelräder der übers Land verstreuten Windmühlen strahlen eine Ruhe aus, als wollte sich die Erde der Kraft des Windes anvertrauen, die sie, gleich einem fliegenden Teppich, in den Himmel hebt.

Niederlande heißt das Land voll von landschaftlicher Schönheit und exzentrischem Anspruch. Putzige Städtchen, stylische Architektur: Ob in Amsterdam, Den Haag, Rotterdam oder Haarlem – der Fremde kommt aus dem Staunen nicht heraus. Welchem der unendlich vielen Puzzlesteine schenkt er Beachtung? Die Niederländer sind ebenso wagemutig-konservativ wie traditionsreich-innovativ. So überschaubar klein ihr Land ist, so konkurrenzlos groß ist es in Sachen Vielfalt. Lassen wir uns ein auf die kunterbunte Stadt an der

Amstel, auf Amsterdams Grachten und Kanäle, auf die windschiefen Häuser und ihre Hinterhöfe („Hofjes"), auf die bunten Vögel in den Parks und die vielversprechenden Schaufenster des chinesischen Viertels. Vieles, allzu vieles gilt es hier zu entdecken!

Wovon der Neuankömmling überrascht wird, ist die Zielstrebigkeit der Hauptstädter – alle sind sie zur gleichen Zeit

unterwegs. Ein Schritt aus dem Hotel und schon befindet man sich im Epizentrum der Geschäftigkeit. Radfahrer, Jogger, Menschen auf Scootern, DHL-Boten, Taxis und Kehrwägen. Und erst die gefährlich lautlosen Straßenbahnen! Amsterdam ist ein größenwahnsinniges Vielfaches aus Glanz und Glamour, Kirmes und Kirtag, Times Square, Trubel und Tralala. Schlendert man durch die Gassen, taucht man ein in eine Wolke aus Hasch und Hanf, wird mitgerissen von Kiddies und Bros, Urban People und Brokern – garniert mit Touris, City Walkern und Privatguides.

Übertroffen wird der ganz normale Wahnsinn nur noch vom alljährlich wiederkehrenden „Koningsdag", an dem das Volk den Geburtstag des amtierenden niederländischen Monarchen feiert. Eskalation pur! Die Stadt wird überschwemmt von einer Welle aus Pomp

und Party. Am „King's Day" verfärbt sich alles Irdische in Orange und der Einzelne löst sich auf in einem unüberschaubaren Vielfachen. Am nächsten Tag ist Amsterdam auf Reset gestellt und der Countdown beginnt erneut: In dreihundertfünfundsechzig Tagen ist es wieder so weit, die Vorbereitungen aber beginnen schon heute …

De 9 Straatjes

Neun Straßen rund um die Prinsen-gracht, Keizersgracht, Herengracht usw. Das Planquadrat bildet den berühmten Wassergürtel.

In **Chinatown**, meinem bevorzugten Essensparadies, regieren Glutamat und rotes Licht. Rund um die Uhr isst man Entenzunge und Hühnerfüße, während sich nebenan, in den Schaufenstern, mandeläugige Schönheiten anbieten.

Das **schmalste Haus der Stadt** liegt in der Oude Hoogstraat, es misst knapp über zwei Meter Breite und fünf Meter Tiefe. Die schmale Taille ist dem Umstand geschuldet: je abgeschlankter die Häuser, desto magerer die Grundsteuer.

Weshalb die **Häuser** zumeist an einer Hühnerbrust leiden, windschief und krumm sind? Die Stadt steht auf Pfählen, und die sind bis zu zwanzig Meter tief in den sandigen Boden gerammt. Die Häuser „tanzen" – auch wenn man nichts getrunken hat.

DIE GRÜNEN VÖGEL(N) IM PARK

Die Amsterdamer haben einen ganz schönen Vogel. Und nicht nur einen: Schlendert man durch die grüne Lunge der Stadt, den Vondelpark, findet man sich bald in einem der riesigen Halsbandsittichschwärme wieder. Vor Jahren wurde hier ein Pärchen dieser Art ausgesetzt, das sich aufgrund guter Fütterung so sehr vermehrte, dass heute ganze Stadtviertel aus dem Schlaf gerissen werden: Die grünen Rabauken nämlich veranstalten speziell in den Morgen- und Abendstunden einen wahrlich ohrenbetäubenden Lärm. Spaziert man durch

Ein Park zum Verlieben

den Vondelpark, ist man besser auf der Hut: Vogelkötel landen schneller am Touri-Kopf, als man denkt. Apropos Vögel(n): Sex ist im Vondelpark ausdrücklich erlaubt, allerdings erst nach Anbruch der Dunkelheit. Um diese Zeit „lebt der Busch", wie man hier sagt, und die Fußgänger blicken diskret zur Seite. Nur die Hundebesitzer denken nicht daran, ein Auge zuzudrücken. Die Mehrheit der Amsterdamer aber sind nun mal Menschen, und die finden an Artenvermehrung ebenso wenig Verwerfliches wie die lustigen Flattermänner. Der Vondelpark ist das einzige Grünzeug der Welt, in dem auf Vögel(n) mehr wert gelegt wird als auf Hunde.

> Der „**Sinterklaas**" (heilige Nikolaus) kommt am 1. Samstag nach dem 11. November (Martinstag) und bereits am **Pakjesavond** (Päckchenabend), am 5. Dezember, öffnen die Kinder ihre Weihnachtsgeschenke.

> Im 17. Jahrhundert wurden **Tulpen-zwiebel** an der Börse gehandelt wie Gold. Ihr Preis stieg in den Himmel, am Höhepunkt der Hausse war eine Zwiebel so viel wert wie ein Haus. Danach brach der Wert ein: Wirtschaftskrise à la Holland.

> Die **Grachten** wurden angelegt, um den Warentransport zu erleichtern. Heute besitzt die Stadt mehr Wasserwege als Venedig, von den Brücken ganz zu schweigen: dreimal so viele.

> In Amsterdam finden die meisten **Junggesellenpartys** weltweit statt. Über den Erfolg der Ehen danach allerdings schweigt die Statistik.

SCHLUPFEN UND SCHLÜPFRIG

Was um Herrgotts willen sind „Schlupfkirchen"? Antwort: Kirchen, in die man unbemerkt „schlupft" – die Bethäuser sollten von außen nicht als solche erkannt werden. Die Verordnung geht auf die Zeit der Religionskriege zurück. Zwar herrschte in den Niederlanden seit 1572 Glaubensfreiheit, erlaubt aber waren ausschließlich protestantische Kirchen. Katholiken mussten, wenn überhaupt, unter Ausschluss der Öffentlichkeit beten. Rund fünfunddreißig dieser verborgenen Seltsamkeiten stehen heute noch in Amsterdam – selbst im Rotlichtviertel:

Im Rotlichtviertel

„Unser lieber Herr am Dachboden" heißt die Kirche, und der Fromme klettert treppauf, treppab, steigt an senkrechten Leitern empor und landet endlich erschöpft, aber glücklich im verborgenen Himmel eines Wohnhauses: Altar, Kanzel, Orgel, Apsis – alles in Originalgröße, von außen aber gut getarnt. Was ich nicht weiß, macht mich nicht heiß. Man kennt das vom Vondelpark.

Das berühmte Rotlichtviertel ist übrigens unschlüpfriger, als man denkt, herrscht doch in dessen unmittelbarer Nähe bürgerlicher Alltag: Schulen, Kindergärten, Bioläden, Rentnerklubs. Keine Rede von „anrüchig". In den Schaufenstern stehen Frauen und betrachten die Vorbeigehenden höchst ungeniert. Ganz im Gegensatz zu den Männern, die vor den Fenstern stehen und betreten zu Boden blicken.

> An den allgegenwärtigen **FEBO-Essensautomaten** kommt man nicht vorbei. Hier „zieht" man seinen Snack: ofenheiße „Bitterballen met mosterd" (frittierte Fleischbällchen mit Senf).

> Fangfrischen Fisch gibt's in der Zeedijk 129: Im *Viswinkel Zeedijk* („Fischwinkel"), einem winzig kleinen Geschäft mitten in China-town, hält Mijnheer Ger Palmer Krabben, Räucherfisch und Matjes bereit. Den Hering packen, Kopf nach hinten und – ein mutiger Biss in den Fisch.

> In Amsterdam isst man philippi-nisch, indonesisch, surinamisch, kreolisch, koreanisch oder thai-ländisch. Nirgendwo sonst ist die **asiatische Küche** so gut wie hier.

> Und hier ein paar **Food-Tipps** (ohne Gewähr): Stamppot (Kartoffelstampf, Kohl, Kraut, gemixt mit Wurst und Hackfleisch), Kibbeling (im Bierteig frittierter Kabeljau, dazu Knoblauch-dip), Friet speciaal (Pommes mit bis zu vierundzwanzig verschiedenen Saucen nebst Zwiebelhack), Stroop-wafel (Waffel mit Karamellsirup und knallbuntem Topping)

FIETSEN UND WANDELEN

In Amsterdam „fietst" und „wandelet" man. Zügig bahnt sich der Radler seinen Weg vorbei an Grachten und Grasgeruch, ist bald selbst high, bis er zu Fuß weiterläuft: beschwingt, aber sicher – bis zur nächsten Haschwolke. So oder ähnlich kommt es einem vor, mietet man sich einen der unzähligen Drahtesel und macht so seine (süßlichen) Erfahrungen. Klingeln übrigens ist verpönt, weswegen man die Radler tückischerweise nicht kommen hört. In den Hotelzimmern werden absurderweise neben den obligaten Snacks auch veritable Fahrradklingeln zum Verkauf angeboten.

Auf den Amsterdamer Straßen sind weit mehr Fahrräder unterwegs, als es Einwohner gibt. So mancher Einheimische fährt mit dem Dienstrad zur Arbeit.

Auch ich reihe mich in den immerwährenden Radlerfluss ein. Mein Ziel sind die Stadtviertel der Architekten, Stadtplaner und Raumordner. Ich strample vom Leidseplein aus rund um die Stadt, immer entlang der Singelgracht, bis zur Windmühle

Im Holzschuh-
land

vis-à-vis des Tropenmuseums, biege dann in die Zeeburger-
dijk und Panamalaan ein und lande im Bauch eines Walfisches
– so heißt tatsächlich einer der silbrig glänzenden Wohngi-
ganten. Von dort geht's zur Sporenburg (nied-
rige Reihenhäuser aus Backstein) über die
knallrote Pythonbrücke, eine sich übers Wasser schlängelnde Stahlbrücke, bis nach Bor-
neo, wo ein aufsehenerregendes Bauprojekt
zu besichtigen ist: Eigenheime (eine Seltenheit
hierzulande), die allesamt von unterschiedlichen Architekten stammen. Die Siedlung ist
ein Sammelsurium aus individuellen Bauex-
perimenten. Weiter geht's auf die KNSM-Insel
(„Königliche Niederländische Dampfschiffge-
sellschaft"). Dort steht ein Riesenwohnblock,
der aussieht, als hätte Otto Wagner Hand angelegt. Jugendstil at its best! Von da bis nach Ja-
va-Island am Sumatrakai ist es nicht weit. Und
auch hier: Mietburgen mit begrünten Innen-
oasen, Meisterleistungen urbaner Architektur.
An der schönen OBA (Openbare Bibliotheek
Amsterdam), der zentralen Hauptbücherei,
und dem wie ein gestrandeter Frachter dalie-
genden NEMO-Gebäude (Science Museum)
des Stararchitekten Renzo Piano vorbei geht's
hinüber nach Amsterdam Noord, zum EYE,
einer Art gestrandetem Raumschiff, das dem
Kunstaffinen die Pforten öffnet – handelt es sich doch um ein   Man fährt Rad.
futuristisches Kinomuseum, Masterpiece der österreichischen
Architekturgenies Elke Delugan und Roman Meissl.

    Ich schwinge ab, für heute habe ich genug gesehen. Mor-
gen komme ich wieder. Mit dem Rad, auf dem Gepäckträger
einen Rucksack voll neuer Lebenslust. Amsterdam ist eine in
jeder Beziehung erfahrenswerte Stadt – amtiert doch im Rathaus seit geraumer Zeit eine eigene Fahrradbürgermeisterin.
Wo bitte gibt's das sonst noch? Zumindest das ist doch wohl
eine Zweiradreise wert!

Die Gärten Eden

CORNWALL – FRANKREICH – ITALIEN – MAROKKO – ÖSTERREICH

Seit ich denken kann, faszinieren mich Gärten.
Sei es Natur-, Kunst- oder Ziergarten, Kräuter-,
Gemüse- oder Obstgarten, Steingarten oder
Weingarten. Das Bändigen und Beschneiden,
Kultivieren, Veredeln oder das Belassen des Wild-
wuchses – kaum sehe ich Grün, bin ich glücklich.
Büsche, Bäume, Blumen – ich bin sofort hin und
weg. Vor allem aber mittendrin.

Gärten sind Kulturdenkmäler. Sie geben Rätsel auf, erklären die Welt auf eine sehr einfache Art, machen Zeit begreifbar und geben Zeugnis von vergangenen Kulturen. Gärten sind Ausdruck von Ästhetik und Architektur, sie berichten über die Kreativität einer Epoche. „Zeige mir deinen Garten und ich sage dir, wer du bist." Tatsächlich lässt dessen Gestaltung oftmals auf den Charakter seines Besitzers schließen – und nicht nur das.

Der chinesische Garten, dessen Entwicklung sich Jahrtausende zurückverfolgen lässt, war geprägt von Metaphern und Symbolen. Nicht die Natur stand im Mittelpunkt, sondern das Abbild eines idealisierten Universums. Der Kaiserliche Garten bei Peking stellte eine Nachbildung der Schöpfung dar, im wahrsten Sinne des Wortes: Pflanzen, Flüsse, Teiche und dazwischen Schaudörfer, in denen Komparsen die verschiedenen

Bevölkerungsgruppen des Landes verkörperten, um dem Kaiser, der sein Volk nur vom Hörensagen kannte, ein Spiegelbild des Lebens vorzuführen.

Die Gartenarchitekten der Renaissance hatten anderes im Sinn. Sie nahmen sich die Antike zum Vorbild – und verklärten sie. Hesperiden, Nymphen, Musen lustwandelten in hauchzarten Gewändern durch Hain und Au und flüsterten einander zarte Liebeslyrik oder elysische Hexameter ins Ohr: verquirlte Poesie des Goldenen Zeitalters.

Die Gartenanlagen des Barock hingegen bildeten das Selbstverständnis absolutistischer Fürsten ab, die mithilfe gebändigter Natur ihre Macht demonstrierten.

Anders als in den geometrisch angelegten „parterres de fleurs" der französischen Gärten trachteten die Landschaftsgärten jenseits des Ärmelkanals der mathematischen Strenge von Beeten und Hecken zu entkommen. „Natur" galt als Gebot der Stunde. Der Besucher mochte sich anhand der Selbstverständlichkeit floralen Arrangements an einem begehbaren Landschaftsgemälde erfreuen. Als Paraphrase zur ehemaligen chinesischen Gartenkomparserie hielt auch hier ein kurioses Phänomen Einzug: In den englischen Gärten des 18. und 19.

Jahrhunderts lebte der „Schmuckeremit", ein Einsiedler, der dafür bezahlt wurde, sich in kunstvoll ausgestatteten Eremitagen zu tummeln. Zu bestimmten Tageszeiten hatte er sich dem Betrachter zu zeigen, um ihn mit seinem Anblick zu entertainen: lebendige Hobbits im Gartenzwergland.

Diese Art von Theatralik liebe ich. Oft unternehme ich veritable „Gartenreisen", suche, erkunde und inspiziere die Parkanlagen dieser Welt. Vielleicht warte ich ja nur darauf, dass hinter dem nächsten blühenden Busch ein gescheiter Mensch erscheint, der mir die Welt erklärt. Ich erinnere mich an ein Kinderbuch, in dem die Blumen personifiziert dargestellt wurden und Geschichten erzählten. Gärten sind ebenso beruhigend wie aufregend, die Schönheit der Natur überrascht mich, ihre Unschuld berührt mich und ihre Vielfalt macht mir Mut. Und so sitze ich meist lange da, wundere mich über die heilende Kraft von Kräutern und verliere mich in Kunstwerken aus Stein oder Blattwerk. Ob im Garden of Five Senses in New Dehli, im Menara in Marrakesch, im Berliner Tiergarten, im Stadtwäldchen von Budapest – oder in den fantasievollen Skulpturenparks von Cornwall.

Die Gärten Frankreichs

GARTENREISEN DURCH DEN STÄDTISCHEN RAUM

In den letzten Jahren entdeckte man den Garten als Gestaltungsraum neuer Lebensformen. Urban Gardening verbindet die Tradition klassischer Gartenkunst mit dem aktuellen Verständnis von Natur: dem Wunsch nach Versöhnung mit ihr – war sie doch lange genug dem Gestaltungswillen des Menschen unterworfen. Dabei verschwimmen die Grenzen von öffentlichem und privatem Raum. Im städtischen „Torteneck" lässt sich das Schöne mit dem Nützlichen verbinden. Rabatten und Hochbeete quellen über vor Selbstgezogenem, und der Hobbygärtner kombiniert traditionelles Anbauen mit ökologischem Gedankengut. Bauerngärten finden sich nicht mehr nur in der Stadtentourage wieder, auch im kleinen Eigengarten zwischen Mietskaserne und Gemeindebau wird gejätet und geerntet. Hier vollzieht sich die Allianz von Zierde und Nutzen, von Freizeitmanagement und bewusster Ernährung. Der Garten, und sei er auch noch so winzig, wird mehr und mehr zum Überlebensraum, in dem auch vom Aussterben bedrohte Tier- und Pflanzenarten Schutz finden. Gab es früher die Sehnsucht nach Reglementierung und Einfriedung, herrscht heute der Wunsch nach Offenheit und Freiheit. Der Garten gilt als ein Ort der Vielfalt, der aus Veränderung Hoffnung schöpft, als Wunsch nach Überleben und als Sehnsucht nach der Rückkehr in den Garten Eden.

Mein Garten

❯ **Giardini Botanici Hanbury, Ventimiglia**
Statuen, Brunnen und Pflanzen aus aller Welt säumen die antike Via Julia Augusta.

❯ **Giardino di Ninfa, Provincia Latina, Latium**
Garten der Nymphe und mittelalterliche Poesie

❯ **I Giardini della Reggia Venaria Reale, Turin**
Schönster Park Italiens

Die Gärten Marokkos

> **Jardin Majorelle, Marrakesch**
> Ein Kunstwerk aus Farben und Pflanzen

> **Jardin Hôtel *La Mamounia*, Marrakesch**
> Der Garten Eden für Hotelgäste

> **Oase Skoura, Ouarzazate**
> Palmenhain am Rande der Sahara

Verspielt und verschroben

> **Kräutergarten Gossendorf**
> Die Kraft der Natur

> **Wiedners Wasserspiele, Waldbach**
> Zu Gast in der Zwergenwelt

> **Kittenberger Erlebnisgärten, Schiltern**
> Glücksgefühl und Gartenlust im Schaugarten

KUNST UND GARTEN

Ich sitze im Glendurgan Garden bei Falmouth in Cornwall, und genieße den Park, der scheinbar keiner Ordnung folgt und in dem Yuccas, Hanfpalmen, Agaven und Rhododendren gedeihen, Bambuswälder und Kirschlorbeerhecken. Ich lausche der Stille und frage mich, weshalb wir uns wohl immer verpflichtet fühlen, die Natur als etwas Besonderes zu empfinden, wo sie doch selbstverständlich ist – als mich jemand an der Schulter berührt. Ich wende mich um. Ein Mann steht da, in der Hand hält er einen Zweig. Neben ihm steht ein Korb mit verdorrten Farnwedeln. Und ehe ich mich über den seltsamen Anblick verwundere, beginnt er zu deklamieren:

> You shall never vanquished be until
> Great Birnam Wood to high Dunsinane Hill
> Shall come against him ...

Sein Strohhut ist nach hinten gerutscht, und je länger er spricht, desto energischer werden seine Gesten. „You are ...", unterbreche ich ihn und will „Schmuckeremit" sagen, aber es fällt mir keine adäquate Übersetzung des seltsamen Begriffes ein, also frage ich: „You are an actor?" Er wendet sich ab und folgt theatralisch dem Weg bis zum Ausgang des Parks.

Einige Zeit später gelange ich an die Quelle eines Baches, dessen Verlauf hangabwärts durch den Garten führt, durchquere ein Palmwäldchen, vorbei an Sträuchern und Blumenbeeten, bis ich auf einer Aussichtsplattform lande. Und wer erwartet mich dort? Der Typ von vorhin.

„How did you know, Sir?"

Der Mann hält immer noch den Zweig in der Hand. Wir stehen einander gegenüber wie zwei Kollegen. Dann erzähle ich ihm von jenen Menschen, die in früheren Zeiten zum Gaudium der Parkbesucher als lebendes „Inventar" inszeniert wurden, und dass ich nicht gedacht hätte, dass es das derzeit noch gibt.

Er schüttelt den Kopf. „I'm an actor, Sir. But not in Glendur-gan Garden. Do you know the Minack Theatre? Tonight we're playing Shakespeare's *Macbeth*."

Welche Rolle er denn spiele, frage ich. Prompt antwortet er: „The forest of Birnam." Er verbeugt sich elegant, wie das wohl kein Gärtner je machen würde, und entschwindet bald meinen Blicken.

Ich musste bis in die Nähe von Land's End fahren, wo sich Shakespeares Text bewahrheiten sollte: Der „Wald von Bir-nam" spielt eine Rolle in der Weissagung der Hexen: König Macbeth habe so lange nichts zu befürchten, „(…) solange nicht der Wald von Birnam nach Schloss Dunsinane vorrückt". Die Prophezeiung hat sich bewahrheitet, der Wald begab sich sogar bis zur Südwestspitze Cornwalls. In der Neubearbei-tung des Minack Theatre wird der „Wald von Birnam" in der Person eines Gärtners dargestellt.

Der Zufall will es, dass ich ein paar Tage später tatsächlich ein Ticket für die Vorstellung von Shakespeares *Macbeth* kau-fe. Auftritt: „Der Wald von Birnam". Ein Mann mit Strohhut auf dem Kopf, einen Zweig in der Hand, betritt die Bühne:

You shall never vanquished be until …

Kunst ist Leben – nie hatte ich anderes behauptet!

Lupinen, Blumen der Götter

Das große Ganze
HANOI – HAUPTSTADT DES LÄCHELNS

Am 2. September 1945 ruft Ho Chi Minh die Unab-
hängigkeit Vietnams aus. Zehn Jahre später beginnt
der große Krieg.

Die Gräueltaten diesseits und jenseits des Wolkenpasses,
der Grenze zwischen Nord und Süd, sind immer noch nicht
vergessen. Wie auch? Krüppel und Entstellte schleppen sich
durchs Land – die Langzeitfolgen von hundert Millionen Liter toxischer Substanzen, Napalm und Agent Orange, die die
Amis über das Land geschüttet haben.

Das geschundene Land im Süden des großen Bruders China ist längst auf dem Weg, eine Wirtschaftsgroßmacht und
das Fremdenverkehrszentrum Südostasiens zu werden. Die
Menschen hier kämpften lange genug um ihre Freiheit, heute wollen sie sie genießen. Vietnam ist ein blühendes, pros-
perierendes Land, ein Land voll von Geheimnissen, Mythen
und Geschichten. 1976 hat Hanoi Saigon (heute: Ho Chi Minh
City) als Hauptstadt abgelöst. Die Nordstadt am Roten Fluss
hält die Balance zwischen Tradition und Moderne. Kolonia-
le Prachtvillen und Wohnbaracken, Parks und Abfallhalden,
Luxusrestaurants und Streetfood, die Stadt hat viele Gesich-
ter. Die UNESCO hat Hanoi in „Anerkennung seiner Beiträ-
ge zum Kampf für den Frieden, zur Förderung der Gleich-
berechtigung in der Gemeinschaft, zum Schutz der Umwelt
und zur Pflege von Kultur und Bildung" den Titel „Stadt des

Friedens" verliehen. Der Acht-Millionen-Moloch bewegt sich Tag für Tag am Rande des Kollapses: Straßenverkäufer, Garküchenbetreiber, Bettler, Geschäftsleute, Schulkinder, Mönche, alles schiebt, stolpert und drängt. Und obwohl der Vorrang im Straßenverkehr dem Furchtlosen gehört, ein jeder achtet auf den anderen. Hanoi ist die Hauptstadt der Nachsicht. Die Unbeschwertheit der Kinder einer verlorenen Generation ist zurückgekehrt.

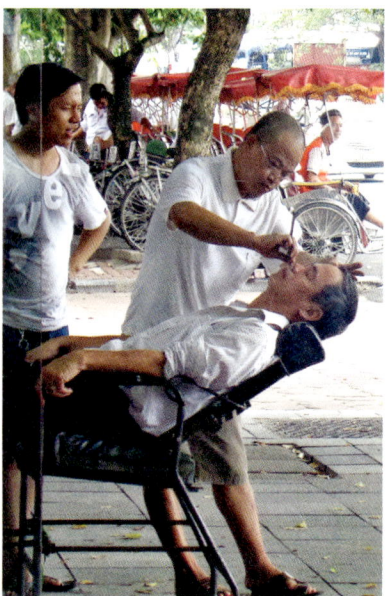

↙ Behandlung auf der Straße

← Der richtige Rahmen

↓ Der Stadtgründer Lý

Wohin in Hanoi?

> **Wasserpuppentheater**
> Drachen, Büffel, Fabelwesen:
> Kasperltheater im Wasser

> **Hoan-Kiem-See**
> Frühmorgens *das* Tai-Chi-Paradies
> für Jung und Alt

> **Long-Biên-Brücke**
> Schwankend über den Roten Fluss:
> eine Brücke, ein Abenteuer

> **Die Einsäulenpagode**
> Symbol der Reinheit

> **Mausoleum Ho Chi Minhs**
> Im Wallfahrtsort der Nation wird
> der gläserne Sarg samt Inhalt
> aufbewahrt.

ZU BESUCH BEI ONKELCHEN HO

Heute wünsche ich Onkel Ho einen guten Tag. Er liegt da, gut ausgeleuchtet, bewacht von baumlangen Kerls der Leibgarde, auf seidene Kissen gebettet und bestaunt von unzähligen (ehemaligen) Verbündeten. Er verzieht keine Miene. Wie auch, er ist seit über fünfzig Jahren tot. Frauen in Sonntagskleidern, Männer in Drillichhosen und weißen Hemden und die Kinder, zurechtgemacht wie Zuckerpuppen. Das Volk nimmt Abschied von seinem Anführer. Immer noch. Tag für Tag. Draußen am Ba-Đình-Platz, sind riesige Flatscreens angebracht, die Szenen aus seinem Leben in Endlosschleife abspulen: Winkende Bauern, Staatsmänner blicken staatstragend, Ho im Alltagspyjama, im Gesicht das unvermeidliche Ziegenbärtchen. Das Land ist stolz auf den bedeutenden Sohn. Seine Geschichte ist mit der Geschichte jedes Einzelnen verbunden.

Erst vor Kurzem ist Onkel Ho von seiner alljährlichen Reise zurückgekehrt. Auch heuer wieder wurde er einer Frischzellenkur beim großen Bruder in Moskau unterzogen. Mit frischem Make-up und rundum erneuert, ist er wieder fit genug, um sein Volk zu empfangen. Auch Helden brauchen Streicheleinheiten.

Onkel Hos
Zuhause

> **„Pho"** heißt die vietnamesische Antwort auf den imperialistischen Klassenfeind Burger. Im Unterschied zur Kalorienbombe aber ist die Suppe ein Gesundbrunnen. Frisches Gemüse, duftende Kräuter, darin glückliche Hühner- oder Fischteile. Das Meer ist in Griffweite und die Freilandhaltung des Geflügels liegt rund um den Suppentopf.

> In Hanoi gibt es erstklassige Restaurants. Keines aber kann es mit den **Streetfood-Ständen** am Nachtmarkt des Old Quarter aufnehmen. Wer den kulinarischen Himmel der „Stadt zwischen den Flüssen" betreten will, muss genau dorthin.

> **Nahrungsaufnahme** verbrüdert und bald schon verlässt man Hand in Hand mit neuen Freunden den Tatort – um am nächsten Suppenstand erneut aufeinanderzutreffen und gemeinsam ein weiteres Schälchen zu leeren. Asiaten essen den ganzen Tag über, nie viel, aber immer mit Freude und Freunden – und der Fremde, der löffelt glücklich mit.

DAS GROSSE GANZE

Ich stehe auf einer Fußgängerbrücke und bekomme nicht genug davon, Mopeds, Autos und Busse zu betrachten, die tief unter mir scheinbar willkürliche, immer wieder sich verändernde Verkehrswege beschreiben. Die Logistik im Inneren eines Ameisenstaates könnte nicht verwirrender sein. Gegen und mit der Spur des anderen entspinnt sich ein undurchdringliches Geflecht an Linien. Eine alte Frau stellt mitten auf der sechsspurigen Fahrtrasse eine schwer bepackte Tasche ab und kramt nach ihrem Handy, während rund um sie der mittägliche Verkehrsinfarkt der Riesenstadt tobt. Wie um einen Felsen im Flussbett bahnen sich die Fahrzeuge ihren Weg. Gleich hinter der telefonierenden Frau bildet sich ein Chaos an hupenden Motorrädern, schreienden Menschen, jäh abbrem-

Auf Büffels
Rücken

senden Lastwägen. Die Frau beendet ihr Gespräch, nimmt ihre Siebensachen auf und verlässt seelenruhig meinen Blickwinkel. Kein bedeutendes Ereignis, eine Momentaufnahme, die – Pars pro Toto – für das Kleine im Großen steht. Reisen besteht nun einmal aus flüchtigen, scheinbar unzusammenhängenden Eindrücken, Flügelschlägen des Schicksals, die, später aneinander gefügt, das große Ganze ergeben.

Stadtbahn,
Tempel und Man
in Blue in Hanoi

Tante Malles fromme Tage

DIE INSEL MALLORCA

Die Insel hat zweifellos schon glücklichere Tage
gesehen. Seit sie in düsterer Stunde von unseren
Nachbarn zur Verwandten auserkoren wurde, kann
sie sich vor Begehren nicht erwehren. Im Minuten-
takt landen die Pauschalbomber und spülen die
Spaßbürger in die Ankunftshalle des Aeroport de
Son Sant Joan.

Für jährlich dreißig Millionen Passagiere beginnt und en-
det der Aufenthalt auf mallorquinischem Boden genau hier.
Zwölftausend Erholungssuchende landen pro Stunde, was
der Kapazität des verkehrsreichsten Flughafen Europas entspricht: London-Heathrow. 2022 suchten vierzig Millionen
ausländische Sonnenhungrige auf der Insel Spaß. Wenn nur
die Hälfte davon täglich zwei Maß Bier trinkt (was für Profis
nichts ist), sind das rund vierzig Millionen Liter pro Tag. Tante
Malle, sag selber, wo werden die Typen das wieder los?
    Gesprochen werden auf der Insel Spanisch und Katala-
nisch, gelallt wird auf Deutsch oder Englisch. Die Inselschön-
heit befindet sich seit Jahren in fremder Hand, die Begriffe
„Ballermann", „Futtern wie bei Muttern" und „Komasaufen"
sprechen eine klare Sprache. In letzter Zeit scheint sich die

Vernunft durchzusetzen, man kämpft um einen Wertewandel: Kübeltrinken kostet bis zu fünftausend Euro Strafe, und das Begrapschen von Frauen wird neuerdings mit drei Jahren Haft geahndet. Das ist ein Ansatz. Die Wahrheit aber ist, den Kraken „Spaßbürger" beeindruckt das nicht. Und im Notfall säuft die Guardia civil eben mit. Soweit zur Schattenseite der alten Dame.

Die Sonnenseite aber ist: Mallorca ist unglaublich abwechslungsreich und überirdisch attraktiv. So viel Schönheit tut fast schon weh. Die Insel ist mit ihren dreieinhalbtausend Quadratkilometern Gesamtfläche nicht klein genug, um sie auf die Schnelle zu besichtigen, und keineswegs groß genug, um ihre Sinnlichkeit nicht Tag für Tag genießen zu wollen. Die größte der spanischen Baleareninseln verdankt ihren Namen just ihrer größten Konkurrentin, der kleinen Schwester Menorca: „Mallorca" leitet sich vom lateinischen „insula maior", die „größere", ab.

Szenen aus
Sóller und
Valldemossa

❯ Fundació Miró
Der Tempel der Neuzeit ermöglicht
einen Einblick in die Welt und
das Werk des mallorquinischen
Malergenies Joan Miró.

❯ Banys àrabs
Maurische Bäder aus dem
10. Jahrhundert

❯ Passeig del Born
Der Boulevard mit seinen schatten-
spendenden Platanen lädt zum
Flanieren ein.

❯ Mercat de l'Olivar
Die Markthalle ist das Delikatessen-
geschäft der Stadt.

❯ Kathedrale La Seu
Glücklich der, der das sakrale Welt-
wunder, den von Gaudí gestalteten
Innenraum, besuchen darf.

DAS WUNDER DES LICHTS

Eines der Inselwahrzeichen ist die Kathedrale La Seu in Palma, Sitz des Bistums Mallorca. Ich weiß um die verschiedenen Baustile, die Wucht des Hauptschiffes, die prachtvollen Mosaikfenster, die Rosettenfenster mit den einfallenden Sonnenstrahlen, und um das Geläut, bestehend aus nicht weniger als neun Glocken fünf verschiedener Jahrhunderte. All das will ich mit eigenen Augen sehen und bestaunen.

Kaum nähere ich mich der Kathedrale, pfeift mich der Fährmann christlicher Nächstenliebe zurück, einer derer, der Touristen von heimischen Frömmlern wohl zu unterscheiden vermag.

„No!"

Mehr ist ihm nicht zu entlocken. Und schon verweist er auf eine Tafel, auf der die Piktogramme unumstößlicher No-Gos vermerkt sind: Hunde, Kinderwägen und Nackte haben hier nichts verloren. Gott will solches nicht sehen. Man versteht es. Vielleicht ist ihm ja mein T-Shirt zu tief dekolletiert – ich muss züchtiger verhüllten chinesischen Kreuzfahrergruppen den Vortritt lassen.

Am nächsten Tag versuche ich mein Glück erneut. Heute trage ich ein hochgeschlossenes Pulloverl.

„No!"

Der gleiche Typ verweist auf eine andere Tafel. Die Kathedrale ist erst im April an Wochenenden geöffnet, derzeit aber schreiben wir noch März. Da ich die ganze Osterwoche auf Malle verbringe, plane ich für einen der kommenden Tage den nächsten Versuch. Gründonnerstag – an diesem hohen Feiertag sind die Kirchen weltweit geöffnet. Sollte man glauben. Siegessicher passiere ich das Portierhäuschen. Heute trage ich Bundfaltenhosen und Sakko. Und: Von Wochenende ist keine Rede. Die Kirchenbänke sind prächtig geschmückt, Ostern, wohin man schaut. Wie ein Höllenhund hechelt der Kerl hinter mir her.

„No!"

Ich sage, dass das ein Missverständnis sein muss, die Kirche hat ihre Pforten allerorts für Gläubige zu öffnen, speziell an diesem Tag. Ungerührt deutet der Wächter auf ein Schild, das weiter oben angebracht ist: „An hohen Feiertagen ist die Kathedrale ausnahmslos zur Besichtigung geschlossen." Ich möge morgen wiederkommen. Morgen aber kann ich nicht wiederkommen. Morgen sitze ich im Flieger zurück in die Heimat. Und ich werde auch so schnell nicht wiederkommen.

Ungerührt drückt mir der Zerberus einen Prospekt in die Hand. Dem entnehme ich, dass es in La Seu im November und im Februar, an zwei Tagen jeden Jahres, ein besonderes Phänomen zu bestaunen gibt: „El milagro de la luz", das „Wunder des Lichts". Just an diesen Tagen werden gegen acht Uhr morgens Sonnenstrahlen, die durch die große Hauptrosette in die Kirche fallen, als farbiges Abbild auf die gegenüberliegende Wand des Kirchenschiffes geworfen. Für dieses Wunder ist La Seu berühmt. Nur: Von Anfang November bis Ende März ist die Kathedrale, wie weiter unten nachzulesen ist, für Touristen ausnahmslos geschlossen. Das aber wundert mich schon lange nicht mehr.

Die Kathedrale La Seu, Palma de Mallorca

OSTERN IN MALLORCA

Plaça Rei Joan Carles I. Dumpfe Trommeln, gefolgt vom schrillen Lärm der Blechbläser. Polizeitrupps drängen die Zuschauer hinter Absperrungen. Ein kleines Mädchen läuft über die Straße und wird eilig zurückgeholt von seiner Abuela, der Großmutter. Die Blicke aller sind auf den Carrer de Sant Jaume gerichtet, wo die Ankunft der Büßer erwartet wird. Palmsonntag in Palma. „Semana Santa" wird hier die Karwoche genannt, die den alljährlichen Höhepunkt der Passion Christi bildet. Wie überall in Spanien sind auch in Mallorca die „Confraries" (Bruderschaften) mit der Organisation der Feierlichkeiten betraut.

Semana Santa in Palma

Ich stehe zwischen Gläubigen und Schlachtenbummlern und warte wie alle anderen bereits seit Stunden. Heute sind Hunderttausende Schaulustige auf den Straßen Palmas unterwegs. Wieder beginnt der monotone Rhythmus der Trommeln, wieder setzt das Blech ein. Über fünfzig Bruderschaften gibt es in Mallorca, mehr als die Hälfte davon in der Hauptstadt. Die alten christlichen Männerbünde verstehen sich als Betgemeinschaften, die Bedürftigen Hilfe in Hospizen und Krankenhäusern gewähren. Auch heute noch gilt in ländlichen Gebieten das Vererben der Mitgliedschaft vom Vater an den Sohn als christliches Privileg.

Ein Reiter. In die Menge kommt Bewegung. Eine alte Frau kniet nieder und wird sogleich begraben von den Umstehenden, die ihre Köpfe recken. Ich kann weder vor noch zurück. Jetzt verstummt die Musik. Die Gläubigen beginnen zu beten. Ist es das Zeichen, das den losbrechenden Sturm ankündigt? Die Schläge der Trommler beginnen erneut. Ein Standartenträger erscheint. Die Prozession Christi hat den Passeig del Born erreicht. Die Menschen neigen die Köpfe, als Zeichen

des Respekts gegenüber den Büßern, die unmittelbar hinter der Musikgruppe marschieren. Viele von ihnen sind barfuß und ziehen Eisenketten nach sich. Sie tragen Kutten und Cucurulles, spitze Hüte, die an die Kopfbedeckungen des Ku-Klux-Klans der Südstaaten erinnern. Angeblich dienen die Mützen der Anonymisierung ihrer Träger, das Büßen soll nicht den Blicken der Öffentlichkeit preisgegeben werden. Kinder werfen Confits in die Menge, kleine süße Gaben.

Mitmarschieren darf jeder, der Bruder ist. In früheren Zeiten wurden die Büßer ausgepeitscht, um die Qualen Christi nachzuempfinden. Heute sind die Umzüge unblutig. Touristen dürfen nicht verschreckt werden.

Seit 1980 sind auch Frauen im wohltätigen „Nazarener"-Gewerbe tätig. Die meisten Bruder- und Schwesternschaften schleppen einen oder mehrere Pasos mit sich, geschmückte Plattformen, auf denen Abbilder der Leidensgeschichte Christi nachgestellt sind. Die Männer, die die tonnenschweren Aufbauten auf ihren Schultern tragen, sind unter Tüchern verborgen. Ein Steuermann begleitet sie und gibt die Richtung an.

Palma im Ausnahmezustand. Stundenlang stehe ich da, eingekeilt in der Menge, und verfolge das seltsame Schauspiel. Mittelalterliche Inquisition und christlicher Fanatismus als touristischer Nervenkitzel. Deutsch-englische Betbrüder wollen auch außerhalb des Ballermanns etwas geboten bekommen.

> **Santanyí**
> Hübsche Kleinstadt mit zauber-
> haften Gässchen

> **Cala Pi**
> Sehenswerte Bucht im Südosten
> der Insel

> **Es Trenc**
> Sandstrand, der für Spaziergänger
> mindestens so schön ist wie für
> Schwimmer

> **Mit der Straßenbahn bis zum Meer**
> Das zauberhafte Städtchen Sóller
> ist berühmt für seine Orangen- und
> Zitronenhaine.

> **Santuari de Lluc**
> Wallfahrtsort in der Serra de Tramuntana,
> in dem die Schutzheilige der Insel steht,
> die Schwarze Madonna

> **Cala Figuera**
> Ein Fischerdorf wie aus dem Bilderbuch

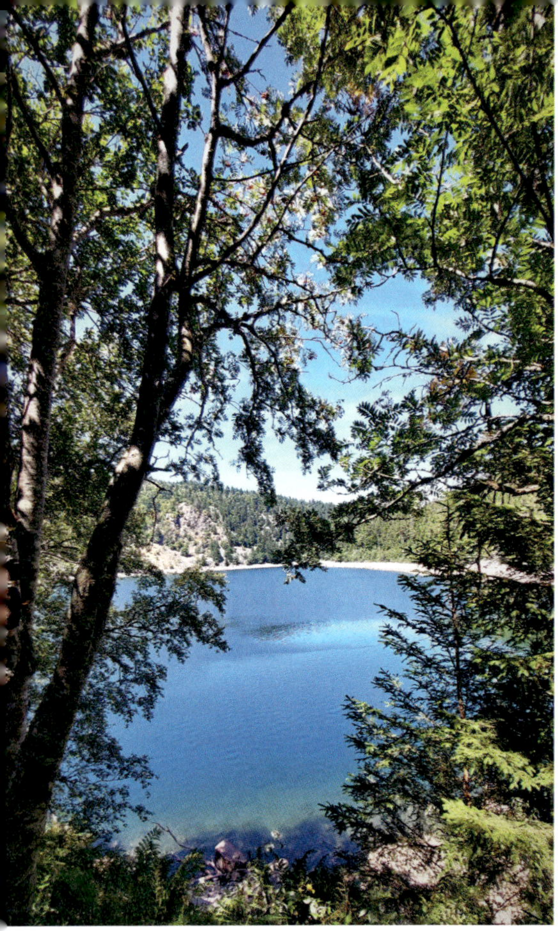
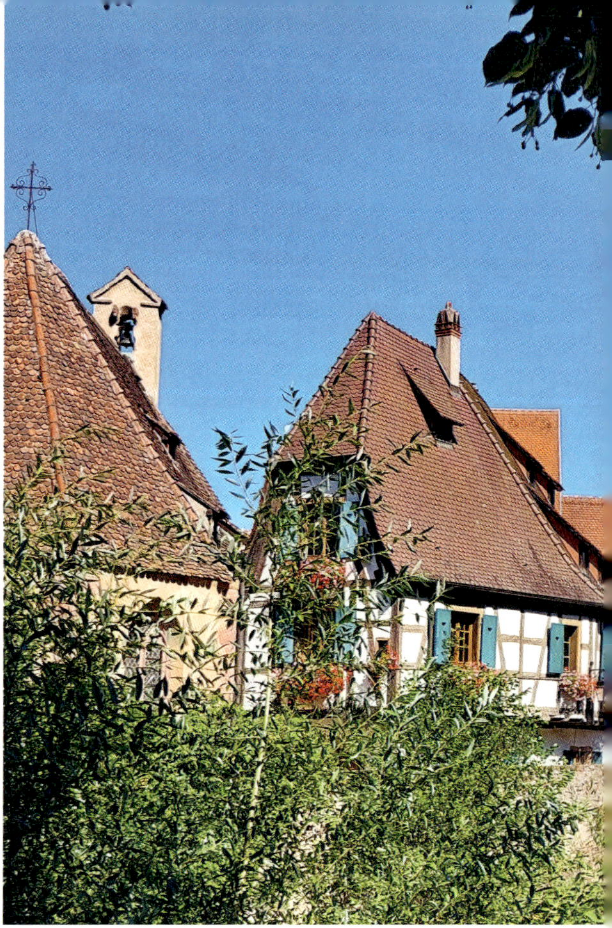
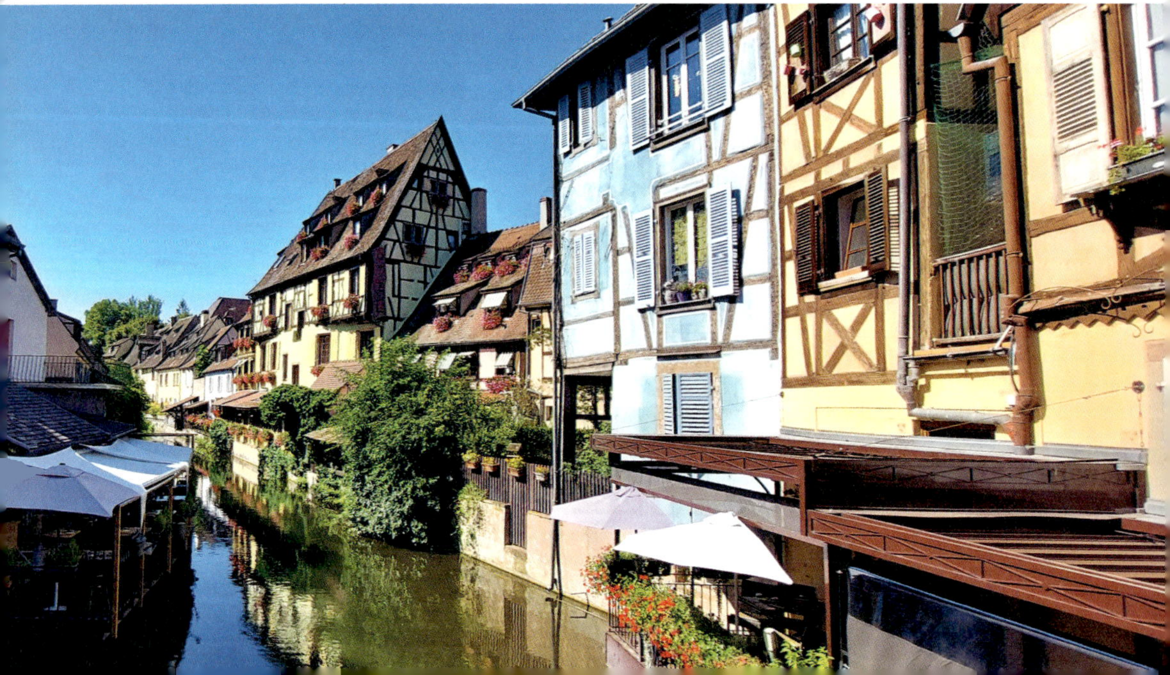

Im kulinärrischen Mittelpunkt Europas

ELSASS, LAND DER SCHÖNEN SCHRULLEN

Reist man von Freiburg im Breisgau nach Westen, lässt Gartenstadt hinter sich, quert Sankt Georgen und Hausen, streift Oberrimsingen, überlässt sich in Breisach der kühlen Umarmung der Rheinschwestern Floßhilde, Wellgunde und Woglinde und verlässt endlich am gegenüberliegenden Ufer nahe der Gemeinde Geiswasser, Département Haut-Rhin, die nasse Flut, findet man sich in einem Winzerparadies wieder, das dem Feinspitz höchste Qualität ins Glas zaubert, indes die untere „Région" von Schwerverdaulichem wie Kraut und Rüben beschäftigt wird. Der Rebensaft könnte nicht exquisiter sein, auf den Tellern allerdings befindet sich bleischwere Kost.

Ali-Sāzzo, so der frühalthochdeutsche Name jenes Landes im französischen Grand Est, in dem sich die Bevölkerung immer noch als „Bewohner im fremden Land" fühlt. Mit Recht. Die Elsässer wechselten ihre Identität öfter, als ihnen lieb war. Mal gehörte man zu Frankreich, mal zum östlichen Nachbarn. Im letzten Krieg machten die braunen Horden kurzen Prozess: Grenzen wurden willkürlich durch Land und Leute gezogen, und erst nach dem Sieg der Alliierten kehrte das Elsass in den mütterlichen Schoß Frankreichs zurück. 1949 wurde „Strossburi" (elsässisch für: Straßburg) nicht nur Hauptstadt, sondern gleich auch noch Sitz des Europarates. Dreißig Jahre später nahm das Europäische Parlament seine Arbeit auf. Spätestens seit damals wurde das viel geliebte Land an der Außenflanke der Grande Nation, im Westen Deutschlands und im Norden der Schweiz zum politischen Mittelpunkt des Kontinents.

Das Elsass bediente sich immer schon des kulturellen Schatzes seiner Voisins. Allein die Sprache ist ein Sammelsurium aus Französisch, Deutsch und Schwyzerdütsch. Schriftlich gibt es sie schon lange nicht mehr, gesprochen wird sie aber immer noch – von den Alten. Die Mischkulanz könnte nicht kurioser sein: Der ursprünglich alemannische Dialekt „Elsass-Ditsch" ist eine verwirrende Mischung aus Augenrollen und Lautmalen.

Genießen wir also die exotische Schönheit des kleinen Landes an den Abhängen der Vogesen, deren sanft abfallende Hänge sich mit den endlosen Weingärten vermählen, die weit hineinreichen in mittelalterlich anmutende Dörfer, in denen immer noch bunte Fachwerkhäuschen in den katzenkopfgepflasterten Gassen stehen, eine Walt-Disney-Deko, an der sich Fremde nur schwer sattsehen können.

Der Dorfplatz zu Eguisheim und die bunten Häuser von Riquewihr

Und während wir über die Schrullen der liebenswerten Bewohner dieser Märchenwelt lächeln, erfreuen wir uns gleichzeitig über die politische Akkuratesse der gerichtlich beeideten Europäer. Im Elsass fühlen wir uns wie Gott in Frankreich: wohl gelitten, reich beschenkt und immer gern gesehen – so man dafür bezahlt. Das kann, soll und muss man hier auch. Die Elsässer wissen, was sie wert sind. Recht so.

Eguisheim

In der Rue Mgr Stumpf beginnend, umrundet man staunend das wohl hübscheste Dorf Frankreichs.

Riquewihr

Malerisch und magisch. Ein mittel-alterliches Kleinod

Ribeauvillé

Am „Pfifferdaj" treffen einander die „Pfeiferbrüder" und erweisen ihrem Namen alle Ehre.

Kaysersberg

Am Flüsschen Weiss liegt die zauber-hafte Geburtsstadt Albert Schweitzers. Trotz des nicht versiegenden Tou-ristenstromes haben sich die engen Gässchen ihren Charme bewahrt.

VON SCHWEINEN UND FÜSSEN

Das elsässische Sprachkauderwelsch findet seine Fortsetzung in den Küchen der zahlreichen „Winstubs", in denen auf Teufel komm raus geschmort wird. Zumeist ist es der Patron selbst, der Hand an den Kochtopf legt – und meist ist auch er es, der den Gast bei der Zusammenstellung des Menüs berät. „À la maison" heißt es, und das bedeutet die bedingungslose Kapitulation vor der Kunst des Chef de Cuisine. Der Fantasie des Geschmacks sind keine Grenzen gesetzt. Auch die „L'heure du repas" (Essenszeit) ist unverhandelbar: Die nämlich findet zwischen 12 Uhr und 14 Uhr statt, nicht früher und nicht später. Und während dem Gast die Serviette umgebunden und das erste Gläschen Crémant eingeflößt wird, winken die Crudités, dampft die Soupe du jour, türmt sich die Foie gras – alles „à portée de main" (in Griffnähe) und verführerisch duftend. Dann: Hauptgang, Beilagen, Nachtisch. Alles wird zelebriert, unter beflissener Konversation mit dem „Magicien de la cuisine" (Küchenzauberer).

Das Gold
des Elsass

Zurück im Hotel sollte man den schwerwiegenden Schritt auf die Waage lieber sein lassen, das nachmittägliche Workout aber ist Ehrensache. Am Laufband hat man dann genügend Zeit, sich Gedanken über die abendliche Nahrungsaufnahme zu machen und frühzeitig ein nettes Plätzchen in einem der stets gut besuchten Restaurants in Colmar zu buchen. Dort geht's erst richtig los, gilt es doch (wo, wenn nicht hier), sich durchs landestypisch „Kulinärrische" zu kämpfen: Flammekueche und Dampfnüdle werden gereicht, dazu gibt's Klömpchen oder Knack frites. Der Genießer staunt, schnuppert – und lässt es sich schmecken. Kopfschütteln allerdings ruft hervor: Boudin

Route des Vins

noir avec compote (Blutwurst mit Kompott), Baeckeoffe (in Wein geschmortes Fleisch, darüber Gemüse und Erdäpfel), Jarret de porc (gekochter Schweinefuß) sowie das omnipräsente Choucroute („Sürkrüt"), das, Beilagenesser aufgepasst, zu wirklich allem serviert wird: Nicht nur zum Hāhs(i)na (althochdeutsch für „Achillessehne", „Kniebug des Hinterbeines"), was so viel heißt wie Hachse, Hesse oder Unterschenkel, auf gut Deutsch „Stöz'n". Sauerkraut hält auch als Fülle für Schniederspaetle (Maultaschen) her, ebenso findet es sich auf der Tarte flambée, der „Elsass-Pizza", wieder. Auch der Carpe Frite (frittierter Karpfen) kommt nicht ohne Choucroute aus. Erwähnt sei hier auch noch *der* Nachspeisekracher: Gekümmelter Münsterkäse oder, als sein süßer Verwandter, der „Siasskas" – ein junger Münster, bestreut mit Zucker und übergossen mit Kirsch. Wer jetzt noch „Bap" sagen kann, der tue es – esse aber die nächsten zwei Tage besser nichts mehr.

FREIHEIT, GLEICHHEIT, BRÜDERLICHKEIT

Ob es das österreichische Verleger- und Klavierbauergenie Ignaz Pleyel war, der die *Marseillaise* komponiert hat, oder doch eher der Straßburger Claude Joseph Rouget de Lisle, oder gar beide, liegt im Dunkel der Kulturgeschichte. Gesichert ist nur, dass das „Ewige Lied" erstmals am 25. April 1792 gesungen wurde, just zum Zeitpunkt der Kriegserklärung der Revolutionsgarden Frankreichs an das Kaiserreich Österreich: „Zittert, Tyrannen und ihr Niederträchtigen, (...) zittert! Eure verruchten Pläne werden Euch endlich heimgezahlt!" In den mit blutroten Mützen übersäten Straßen des elsässischen Straßburgs erklangen die Zeilen aus rauer, jakobinischer Kehle. Der Zug der neuen Zeit spaltete den Kontinent. Heute steht Straßburg für dessen politisches Gegenteil.

Dom zu Straßburg

IM KULINÄRRISCHEN MITTELPUNKT EUROPAS

Hundertfünfzig Jahre später war Winston Churchill einer jener elf Staatsmänner, die die Notwendigkeit der Einheit des kriegsgeschüttelten Europas erkannten und alles daran setzten, ihre Vision politisch und wirtschaftlich umzusetzen. Sir Winston, Adenauer, der französische Außenminister Schumann, der Italiener De Gasperi, der Luxemburger Bech und viele andere galten als die Architekten der „Vereinigten Staaten von Europa". Seit dem Jahre 1949 liegt der Sitz des Europarates in Straßburg, drei Jahre später wurde die Stadt zum Sitz des Europäischen Parlaments. Durch die einstige Revolutionsstadt weht immer noch der Wind von Freiheit und Demokratie.

In Straßburg ist man mit dem Rad unterwegs. Mein Weg führt durch malerische Altstadtgässchen, von „La Petite France" und dem Gerberviertel über Brücken und Stege, vorbei an pittoresken Fachwerkhäuschen am Fluss Ill, den unzählige Kähne und „Bateaux Mouches" befahren, entlang kleiner Restaurants, Hinterhoftheater, Kneipen und Kirchen, quer durchs Stadtzentrum, über die riesige Place Kléber und den Fischmarkt bis hin zum mächtigen Münster von Straßburg, das bei Einbruch der Dunkelheit prächtig beleuchtete Wahrzeichen der Stadt.

Am nächsten Tag geht's in Richtung „Vereintes Europa". Die Straße entlang des Flusses heißt „Quai Rouget-de-Lisle" – die Brücke zwischen (politischer) Vergangenheit und Gegenwart ist geschlagen.

Vor mir liegt der riesige Glaspalast, davor wehen die Flaggen der Mitgliedsstaaten des Europaparlaments. Ich umrunde das Gebäude, suche den Eingang, fahre links herum, rechts herum. Ein Passant beobachtet mich und weist in die entgegengesetzte Richtung. Ich kehre um, bleibe endlich stehen. Der Eingang ist nicht zu finden. Ich frage erneut. Wieder wird mir der Weg gewiesen. Wo, wenn nicht hier, sollte man ihn kennen. Doch wieder bin ich in verkehrter Richtung unterwegs. Der Schritt von Vision bis hin zu Verwirklichung ist mühsamer, als man denkt. Endlich entdecke ich das Schlupfloch: Die Demokratie liegt am Allerwertesten des Palastes.

Ich betrete das gemeinsame Vielfache und stehe alsbald vor dem Tabernakel des Kontinents. Der Plenarsaal ist groß wie ein Fußballfeld, nur runder. Dies also ist die Wiege des geeinten Europas. Ich versinke im weichen Teppich, schließe die Augen – und bin angekommen. Ein schönes Gefühl, wenn auch ein reichlich herausforderndes.

↑ Das EU-Parlament in Straßburg – im Zentrum der Macht

→ Les ponts couverts – Gedeckte Brücken und Spaziergang an der Ill

> Picknick im Weingarten

Oberhalb des Städtchens Riquewihr befindet sich zwischen Rebstöcken ein entzückendes Salettl. Verliebte stoßen beim Sonnenuntergang aufs Leben an.

> Die Stadt Colmar ist ein Schmuckstück:

Markthalle, „La Petite Venise", Fachwerkhäuser. Die Soupe de quetsches (Zwetschkensuppe) schmeckt in den Schanigärten der Straßenrestaurants besonders gut.

> Wandern in den Vogesen:

Zwischen Lac Noir und Lac Blanc oberhalb des Örtchens Orbey genießt man die Schönheit der Natur.

> Auf der Route des Vins kommt man

an endlosen Weingärten vorbei, durchquert malerische Orte, und kostet vom jungen und alten Wein.

> Musée Unterlinden in Colmar

Der Isenheimer Altar, Masterpiece des Malers Matthias Grünewald, ist ein Kunstwerk von unsterblicher Schönheit.

Wo Plečnik draufsteht, ist auch Plečnik drin!

LJUBLJANA – STADT AN DER LJUBLJANICA

Zumeist meidet der Reisende das Naheliegende. „Das Glück liegt in der Ferne", sagt ein Dichterwort. Oft aber verkehrt sich das Gegenteil zum Wahren.

Nur einen Katzensprung von der Heimat entfernt, versteckt sich eines der zauberhaftesten Hauptstädtchen Europas: Ljubljana im schönen Slowenien. Die Innenstadt ist bald erkundet, sie hat die Größe einer Pillendose. Dafür gibt's hier alles, was es für eine veritable Kapitale braucht: Hippe Stores, fashionable Geschäfte, coole Boutiquen, dazu jede Menge Authentisches in Bars, Restaurants, Künstlerkneipen. Und erst der Markt! Gemüse, Obst, Hühner, Hasen, Käse, Wurst und Souvenirs – die Standln ächzen unter der Last der Waren, und der Magen knurrt. Also, nichts wie hin, in die Gässchen, auf die Boulevards und zu den Ufersträßchen und Platz genommen in einem der gemütlichen Cafés an der Ljubljanica, um ein paar der köstlichen triestinisch-slowenischen Häppchen zu probieren, nebst einem Glas schmackhaften Wein oder einem Sprizz, denn der geht immer. Jung und Alt, Blöd und

G'scheit, Hinz und Kunz, dazu ein paar wenige Touristen, sie alle genießen das milde Klima, schimpfen über Lottozahlen, rätseln über Aktienkurse und lassen den Tag keinen schlechten sein.

Am Abend dann, wenn die Jugendstilkandelaber die Stadt in romantisches Licht tauchen, nimmt das Gedränge an den Uferpromenaden noch weiter zu – denn jeder will dazugehören, wenn der allnächtliche Stadtrummel beginnt. Die Schanigärten füllen sich, man nimmt Platz mitten im Trubel und erfreut sich am südländischen Essen. Einheimische wie Zuagraste, alle trinken, plaudern, lachen und staunen – über das Leben und über das, was das Kleinod Ljubljana so alles zu bieten hat.

Die Dreibrückenstadt ist die Perle Sloweniens.

Laibacher Burg

Das Schwalbennest klebt seit über neunhundert Jahren hoch oberhalb der Stadt am Burgberg. Aussichts-turm, Museum, sogar ein eigener Escape Room laden ein, mehr über die Stadtgeschichte zu erfahren.

Metelkova

Performance, Klubs, Konzert, Theater – und hippe junge Kunst. Wer Alter-natives erleben will, muss in dieses Kulturzentrum auf dem Gelände einer ehemaligen k. u. k. Kaserne.

Serbisch-orthodoxe Kirche

Geweiht den Heiligen Kyrill und Method

Narodna galerija (Nationalgalerie)

Größte Kunstsammlung des Landes. Sechshundert Werke europäischer und slowenischer Kunst, vom Mittelalter bis heute

Trnovo-Brücke

Die einzige mit Birken bepflanzte Brü-cke der Welt. Wer dies ersonnen hat? Architekt Jože Plečnik, dessen Museum sich in unmittelbarer Nähe befindet.

IN UND UM LJUBLJANA

Ein Stadtrundgang zum Einstieg ins südländische Flair des Städtchens, beginnend an der Dreibrücke, einer Kuriosität, die ihresgleichen sucht: eine Brücke, an deren Seiten noch je eine weitere abzweigt. Die architektonische Absurdität liegt im Zentrum der Stadt und steht für die architektonische

Ausflug ins Moor

Fantasie Ljubljanas. Über den anschließenden Prešeren-Platz erreicht man die Sehenswürdigkeiten: Philharmonie, Universität, Nationalmuseum, Oper und Rathaus. Dabei flaniert man durch die beliebten Wuselmeilen Čopova ulica und Cankarjevo nabrežje oder über den Mestni trg. Und immer wieder hält man inne und staunt über die eigenwillige Stadtmöblierung.

Am nächsten Tag: Ab ins Moor! Am besten mit dem Rad. Eine Tour d'Horizon über endlose Rad- und Wanderwege, vorbei an einem UNESCO-Weltkulturerbe: Inmitten blühender Wiesen und wildromantischer Feuchtraumgebiete stehen, in der Nähe des Örtchens Ig, Überreste prähistorischer Pfahlbauten. Die allerdings entstammen keineswegs dem Zeichenbrett des Nationalhelden, des Architekten Jože Plečnik – wohl aber tut dies eine der seltsamsten Kirchen, die ich je sah: die St.-Michaelskirche in der Črna vas 48, am südlichen Stadtrand. Allein die Außentreppe hat's in sich – und erst der hölzerne Innenraum! Das Gotteshaus ist eine Mischung aus japanischem Bauernhaus und slowenischem Shinto-Schrein, oder umgekehrt.

Trnič

Sinnliche kosten vom „Liebeskäse", einem nach alter Rezeptur hergestellten Hartkäse, den es nur im Doppel gibt – der zweite Gupf, dessen Form an eine weibliche Brust erinnert, ist der Dame des Begehrens zum Verzehr anempfohlen. Über das Danach hüllen Verliebte den Schleier des Lächelns.

Krainer

Zum Thema passt auch die uns wohlbekannte Wurst. Liebe geht, wie man weiß, nicht nur durch den Magen.

Štruklji (gerollte Knödel mit Füllung), **Matevž** (pürierte Bohnen und Kartoffeln), **Šelinka** (Selleriesuppe), **Idrijski žlikrofi** (Sloweniens Antwort auf die heimische Kasnudel) oder **Jota** (Eintopf mit allem, was rein will)

Fisch oder Pasta

Auch in Slowenien fühlt man sich wie Gott in Italien.

GANZHEITLICHES DENKEN

„Immer schon hatte er seinen eigenen Kopf auf", wie sie dort, wo er herkommt, sagen. Vor allem aber kam er mit Hammer und Nagel zur Welt. Jože Plečnik war das dritte Kind eines Laibacher Tischlers, dessen Traum es war, aus seinem Jüngsten einen Tischler zu machen. Der Kleine war gehorsam: Er brach die Schule ab und arbeitete im väterlichen Betrieb. „Alles, nur kein Künstler in der Familie!", sagte der Vater, und der kleine Jože sah den großen Alten folgsam an. Während seine Brüder studierten, hämmerte, sägte und leimte der Junior, was das Zeug hielt – so geschickt, dass er bald schon ein Stipendium bekam und ins nahe Graz übersiedelte. Der Vater hatte erreicht, was er wollte: Sein Sohn tat es ihm gleich. Der junge Plečnik machte seinen Meisterbrief just zu dem Zeitpunkt,

Plečnik-Haus
in Wien

als der alte Plečnik starb. Er war wohl noch zu jung, um den väterlichen Betrieb zu übernehmen, also ging Jože nach Wien, wo alles anders kam als geplant. Er trat in die Klasse eines Meisterarchitekten ein und wurde prompt zu seinem Lieblingsschüler. Der Sohn erfüllte auch hier den Wunsch seines Vaters: Er blieb ein Mann der Tat und arbeitete bald schon für einen der Berühmtesten seines Fachs: Otto Wagner. Der junge Laibacher Architekturstudent zeichnete die Pläne der vom Wiener Meister entworfenen Stadtbahnhaltestellen Gumpendorfer Straße, Friedensbrücke und Roßauer Lände. Solide Arbeit. Die Gebäude stehen heute noch.

Eines Tages tauchte der Sohn eines Industriellen, eines gewissen Herrn Zacherl, auf, um Plečnik mit dem Neubau eines Bürogebäudes zu beauftragen. Dieser biss an und entwarf ein Gebäude, das sich gewaschen hatte – nicht im gängigen Historismus, sondern im „Reformstil": Das Dachsims wurde ausgekragt und mit Skulpturen verbrämt, an der schlichten, aber imposanten Fassade brachte Plečnik polierte Granitplatten an und im Stiegenhaus, das wie alles andere auch dem Gesamtkunstwerk diente, wurden insektenartige Beleuchtungskörper befestigt. Eine Statue des Erzengels Michael, der immer schon als „Besieger unreiner Geister" galt, ziert auch heute noch die Flanke des Gebäudes in der Brandstätte 6 in Wien. Jože Plečnik dachte ganzheitlich – wie sein Lehrherr. Und da die Firma Zacherl Branchenführer in Sachen Insektenvertilgung war, bekam das Haus den Namen Wanzenburg – den es auch heute noch trägt.

Der gelernte Tischler und Architekt wagnerianischer Schule entwickelte sich zum Visionär. In Prag baute er die Burg auf dem Hradschin zur Residenz des Staatspräsidenten um und kümmerte sich auch gleich noch um die Ausgestaltung des Gartens. Ob Gebäude, Fassade, Lampe oder Blumenbeet, Plečniks Fantasie kreierte Gesamtkunstwerke.

1921 war es dann so weit. Nachdem der inzwischen renommierte Künstler vorwiegend in Wien und Prag gebaut hatte, stand der Rückkehr in die Heimat nichts mehr im Wege: Ljubljana bot ihm eine Professur an der neu gegründeten Universität an. Ab diesem Zeitpunkt widmete sich Plečnik mit all seiner Kreativität dem architektonischen Gesamtbild seiner Geburtsstadt. Noch heute steht die Architekturschule Ljubljanas als bestes Beispiel ganzheitlichen Denkens. Der gelernte Tischler stieg zu einem der bedeutendsten Baukünstler seiner Zeit auf.

Ljubljana gilt als sein Gesamtkunstwerk und die Handschrift des Meisters ist auch heute noch unübersehbar: Ob Beleuchtungskörper, Brücken, Schleusen, die lang gestreckte Fassade des Marktgebäudes, National- und Universitätsbibliothek oder die Neugestaltung des Zentralfriedhofes, wo er selbst seine letzte Ruhestätte fand: Wo Plečnik draufsteht, ist auch Plečnik drin!

Plečnik-Laterne in Plečnik-Stadt

HOTEL
TEMPLE
VIEW
BEST VIEW FOR
JAIN TEMPLE
MEAL SERVICE
HOTEL
SURAJ
(HAVELI)

Die Wüstenkönigin
JAISALMER UND DIE WÜSTE THAR

Jaisalmer heißt die Wüstenstadt im wildesten Teil Rajasthans. Städte wie Udaipur, Jodhpur oder Jaipur locken mit königlichen Palästen, eindrucksvollen Festungen oder pittoresken Innenstadtlabyrinthen. All das hat Jaisalmer auch zu bieten, darüber hinaus aber noch eine weitere Attraktion: Sand.

Die riesige Wüste Thar, zwischen Aravelligebirge und dem Fluss Indus, stellt die Pufferzone zwischen Indien und seinem politischen Lieblingsfeind Pakistan dar. In früheren Zeiten lag hier das Tor nach Zentralasien. Jaisalmer, die indische Wüstenstadt, war der Umschlagplatz für Waren aller Art von und für Arabien. Wirbelige Märkte, bunte Läden und verrufene Kaschemmen säumen auch heute noch die staubigen Straßen. Dazwischen aber – prachtvolle Paläste! Wie wohlhabend müssen sie gewesen sein, die Kaufleute und Karawanserei-Betreiber, die ihre Herrenhäuser („Havelis") hier in den Sand setzten. Mit Beginn der indo-pakistanischen Auseinandersetzungen war Schluss damit. Die Stadt, Zentrum alter Handelsrouten, landete im Abseits, genauer gesagt nahe der Grenze. Mitte August 1947 fand die Abspaltung Westindiens vom Mutterland statt. Das Land, dessen Bevölkerung mehrheitlich an die Schriften Mohammeds glaubt, wurde zu einem neuen Staat – die Geburtsstunde Pakistans.

Seither rumort es in der Region. Schweres Militärgerät ist entlang der Geleise der Indian Railways stationiert, die die „Blaue Stadt", Jodhpur, mit der „Goldenen", Jaisalmer, verbinden. Immer wieder müssen Züge halten. Soldaten, bis an die Zähne bewaffnet, streifen durch die Abteile. „Chai, Chai, Chai" rufen die Teeverkäufer, die die Gunst der Stunde nutzen und an den Waggons entlanglaufen. Und dann geht's weiter – bis zum nächsten Stopp. Je näher man der sagenhaften Stadt kommt, desto deutlicher macht sich der Atem der Wüste bemerkbar. Während der Fahrtwind feinkörnigen Sand im Abteil verteilt, breitet die Nacht ihr kühles Laken über die Welt.

Incredible India: Menschen, Reiseautoren und der Jain-Tempel von Jaisalmer

Die Perlen Jaisalmers

> **Fort**
> Verwirrendes Gassenlabyrinth im Adlerhorst der Stadt

> **Maharawal-Palast**
> Mauern fallen steil wie Dünen in die Tiefe ab.

> **Jain-Tempel**
> Wände, Decken, Säulen: Brüsseler Spitze aus Sandstein

> **Patwa-Haveli**
> Prächtiger Stadtpalast einer alten, mit Brokat und Opium handelnden Kaufmannsfamilie

> **Bhatia Bazaar**
> Der Markt der Märkte im Herzen der Altstadt

AUCH GÖTTINNEN KÖNNEN BEISSEN

Das Erbe der Maharadschas von Jaisalmer ist immer noch omnipräsent. In der Abendsonne erstrahlen die Häuser honig-farben, die Fenster sind mit prächtigen Holzgittern versehen. Manche der aus dem 18. und 19. Jahrhundert stammenden Paläste sind für Besucher geöffnet. Die Schönheit Jaisalmers sucht sogar in Indien ihresgleichen. Die Bewohner der Wüs-tenstadt tragen überdimensional große, kunstvoll drapierte Turbane in Rot oder Orange.

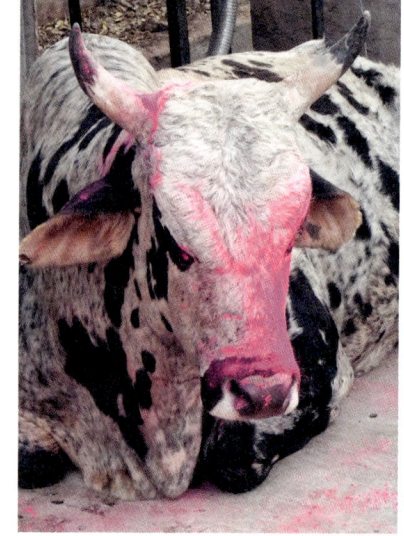

In einer der Altstadtgassen wird eine Frau auf mich aufmerksam. Liegt es daran, dass sich nur wenige Fremde in das verwinkelte Laby-rinth vorwagen? Sie bittet mich in ihr Haus und heißt mich zu warten. Einige Augenblicke spä-ter erscheint sie mit Hemd und Hose, beides schneeweiß. „Try!", ruft sie, „try, try!" Missfällt ihr meine westliche Ausstattung? Ich kleide mich um und sehe aus wie Jawaharlal Neh-ru. Die Frau bekommt einen Lachanfall, offen-sichtlich gebe ich einen mehr als brauchbaren Inder ab. Als Kopfbedeckung verpasst mir der Herr des Hauses ein Tuch, das er kunstvoll um meinen Kopf schlingt. Nun sehe ich aus wie Lawrence of Arabia. Jetzt erst bemerke ich, dass mein Hemd und meine Hose rosarot ein-gefärbt sind, ich bin in einen „Kinderhinterhalt" geraten: Die lieben Kleinen haben mich als Zielscheibe einer Farbattacke auserkoren. Das Holi-Fest ist in vollem Gange: Jung und Alt bewerfen sich mit Farbe und begrüßen den Frühling, der seinen alljährlichen Sieg über den dunkelgrauen Winter feiert. Nach einem stärkenden Mahl, das ich am Roof-top des Hauses einnehme, tauche ich als einer von vielen im Straßenleben unter. Havelis, Läden, Märkte, auf denen es vor

Menschen nur so wimmelt. Einer davon erregt meine Aufmerksamkeit. Auf den Verkaufstischen türmen sich Berge von buntem Pulver.

Wie aus dem Nichts taucht plötzlich eine Kuh neben mir auf. Kaum drehe ich dem heiligen Vieh den Rücken zu, wirft es den riesigen Schädel zur Seite, schnappt nach mir und beißt mich in den Allerwertesten. Ich musste um die halbe Welt reisen, um von einer Kuh gebissen zu werden. Ihre Heiligkeit blickt mich verdutzt an. So wie ich sie. Sogar Göttinnen geraten während des Holi-Festes aus der Fassung.

Indien im Ausnahmezustand

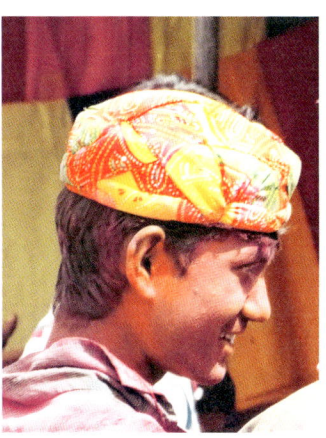

SANDSAFARI

Auf einer der riesigen Dünen der Wüste Thar finde ich ein hübsches Aussichtsplätzchen und blicke über das Land, bis weit hinüber zum Horizont, dort, wo die Dämmerung bald zur Nacht wird. Neben mir erregt ein Pillendreher meine Aufmerksamkeit. Seine winzigen Schritte zeichnen ein lustiges Muster in den Sand. Er glotzt mich mit kugelrunden Augen an. Kaum kann ich mich aus seinem Blick lösen, so sehr nimmt mich der Moment gefangen. Vor mir der Sonnenuntergang, neben mir ein winziges Lebewesen, das in aller Unschuld seinen Platz in dieser grandiosen Natur für sich beansprucht. Weit draußen kreuzt eine Kamelkarawane mein Blickfeld. Vor dem Abendhimmel nehme ich sie wie einen karminroten Scherenschnitt wahr.

Wie kann ich diesen Moment festhalten, ihn in mir bewahren? Ich versuche mir vorzustellen, was sich zwischen der Karawane und dem Horizont hinter ihr verbirgt. Liegt dort jenes Land, in dem sich unsere Hoffnung erfüllt? Nur diejenigen, die in ihren Träumen leben, dürfen es betreten. Jetzt, da ich dies denke, sehe ich weit, weit drüben meine Liebste an ihrem Küchenfenster sitzen. Vielleicht sucht auch sie gerade die Dunkelheit nach jener Ewigkeit ab, die uns beide trennt wie eint. Ich empfinde Sehnsucht, Zärtlichkeit sowieso. Ich muss dies alles niederschreiben, um es später wieder und wieder zu erleben.

Bis zum
Horizont

DIE VERSUNKENE STADT KULDHARA

Die Wüste hat ihr Terrain zurückgefordert. Häuser, Stallungen, Tempel, nur wenig davon ist unversehrt geblieben. Der allgegenwärtige Sand formte aus den Gebäuden kariöse Stockzähne. Einst lebten Menschen hier, nun liegt ihr Reich einige Etagen tiefer.

Die Unendlichkeit der Zeit

CORNWALL – LAND DER GESCHICHTEN

Etwa ein Viertel der Gesamtfläche der Grafschaft ist aufgrund seiner außergewöhnlichen Attraktivität naturgeschützt. Die Schönheit Cornwall trägt eine Stola aus schroffen Klippen um die Schultern, auf denen hoch droben alte Pfade (Coast Paths) entlangführen. Von ihnen aus hat man die beste Sicht auf Boote, die vor der Küste kreuzen. So manch illegaler Schmuggel konnte dadurch vorzeitig unterbunden werden.

Umspült wird die Halbinsel von der Keltischen See im Norden, vom Ärmelkanal im Süden und vom Nordatlantik im Westen. Hoch aufragende Felsformationen wechseln mit karibisch anmutenden Sandstränden ab. Hinter der Küstenlinie liegt fruchtbares Acker- und Weideland. Schwarz-weiß gefleckte Kühe lümmeln auf den Wiesen herum, die vom Heidekraut sommersüber in ein lilafarbenes Paradies verwandelt werden. Cornwall gleicht einem Märchenland. Nicht ganz falsch, die Location-Scouts der Filmgesellschaften haben hier Hochbetrieb. Es wird beinahe ebenso viel gedreht wie in Bollywood – nur dass die Luft hier sauberer ist als in Mumbai. Ob TV-Serie, Kinofilm oder Doku, an den attraktivsten Plätzen flüstern ein-

Küste vor
Padstow

ander fesche Moviestars Liebesschwüre ins Ohr. Kein Schloss, Gutshof oder Park, der nicht schon als Drehort herhalten musste. Gegen Vorabkasse verlassen Herr- und Dienerschaft ihr Zuhause, und ein Heer an Filmausstattern verwandelt die ohnehin schon malerischen Drehorte in Kitsch as Kitsch can.

Der keltische Südwesten Großbritanniens ist ein von Märchen und Sagen geprägtes Land. Wahr oder erfunden – who cares. Hier lebt man, scheint's, um zu träumen. Nur die Urlauber, die Sommer für Sommer die Küsten fluten, sorgen für Verkehrsstau an den übers Land verteilten Kreisverkehren, von den schmalen, heckenumsäumten Straßen ganz zu schweigen. Kaum an den Linksverkehr gewöhnt, können sich die Touris nicht sattsehen an der bezaubernden Landschaft. Auch vom fangfrischen Lobster oder den punktgenau zur Tea time gereichten Scones mit Strawberry jam bekommt man nicht genug. Und erst die Vielfalt der ortsansässigen Dichter, Maler und Bildhauer! Liegt es am Licht, an der Weite des Meeres oder an der Verschrobenheit der Menschen, die die Künstler hier zu ihrem Schaffen inspirieren? Eines scheint gewiss: Cornwall bedeutet Sehnsucht. Man möchte wiederkommen – wieder und wieder. Spätestens im nächsten Jahr.

DIE UNENDLICHKEIT DER ZEIT

Sight-seeing

> **Lizard Point**
> Der Küstenpfad ist einer der schönsten der Grafschaft.

> **Land's End**
> Seal-Watching am South West Coast Path

> **Sennen Cove**
> Hier versinkt die Sonne buchstäblich im Meer.

> **Friedhof St. Just, Roseland**
> Oase der Stille, verborgen zwischen mittelalterlicher Kirche, Palmen und Rhododendren

DIE GESCHICHTENERZÄHLERIN

Lelant, ein kleiner Ort an der Westküste. Er liegt an der Mündung des Flusses Hayle und besteht aus einer Handvoll Häuser, die sich sanft an die umliegenden Hügel schmiegen. Der Großteil des flachen Landstriches besteht aus Salzsumpf. Hier beginnen die Geleise des kleinen Bummelzuges, der die Touristen ins zauberhafte Künstlerdorf St. Ives bringt. Am besten, man sichert sich einen Sitz in Fahrtrichtung rechts – aus

Badespaß

dem Fenster lehnen ist ab jetzt ausdrücklich erlaubt. Ein Pfiff, der Schaffner hebt die Kelle und der Zug setzt sich in Bewegung – ab nun geht's an der Küste entlang. Alles erscheint wie aus der Zeit gefallen.

Hier, in dem winzigen Ort, stand die Wiege einer der Weltberühmtheiten Cornwalls: Dame Rosemunde Pilcher, Officer of the Order of the British Empire. Ihr Vater, gleichfalls Offizier in Diensten Seiner Majestät, schob Dienst in Indien. Mit neunzehn Jahren folgt ihm Rosamunde nach, zu diesem Zeitpunkt schreibt sie noch unter dem Pseudonym Jane Fraser. Vierzig Jahre später gelingt ihr mit dem Roman *Die Muschelsucher* der Durchbruch in den internationalen Bestsellerlisten. Die Autorin war eine der erfolgreichsten ihrer Zeit. Weit über sechzig Millionen verkaufte Bücher sprechen eine klare Sprache. Die meisten ihrer Romane wurden verfilmt, seither gilt der Name Pilcher als eine Art Genre-Bezeichnung. Herrenhäuser, Hortensien, heile Welt. Auch lange nach ihrem Tod verkaufen sich die simpel gestrickten Schmonzetten wie warme Scones. Herzschmerz ist massentauglich und sorgt für Rekordquoten bei den TV-Anstalten. Dame Pilcher wusste ihre Liebesheuler gut zu vermarkten. Sagt der fesche Earl im Kaschmirpulli den Pulitzer-Preis-verdächtigen Satz „Ich liebe dich", meint er es auch so. Die bessere Autorin würde differenzierter formulieren: „Liebe ich dich?", und die gute Autorin belässt es bei einem Blick – der Zuseher verbleibt im Ungewissen. Es wäre spannender. Schlussklappe.

Magic places

> **Bodmin Moor**
> Steinkreise, Nebel, Schafe
> und jede Menge Gegend

> **Barbara Hepworth Museum, St. Ives**
> Wunderschöner Skulpturengarten

> **Tintagel Castle**
> Hoch über der aufgewühlten See
> liegt das sagenumwobene Schloss
> King Arthurs.

> **Newlyn**
> Heimat der englischen Impressionisten

DIE MALSCHULE VON NEWLYN

Ein Fischerort. Enge Gassen. Kleine Häuschen. Hier riecht es nach Robbe und Tang. Fischköpfe, Schuppen, Innereien liegen auf der Hafenmauer. Männer mit verwitterten Gesichtern hocken in den Kuttern und sortieren ihren Fang. Gleich nebenan, am Kai, verkaufen sie die Ware ab Boot. Es wird gefeilscht, gehandelt, gestritten. Die Preise steigen und fallen, je nach Anglerglück. Manchmal bleiben die großen Schwärme aus oder es zieht ein Wetter auf. Dann verbergen sich die Boote hinter den schützenden Hafenmauern. Frauen und Kinder verwandeln den kleinen Ort in einen einzigen Marktplatz, während draußen der Sturm die eisige See aufwühlt und den Regen gegen die Häuser peitscht. Ein Mädchen steht drüben am sandigen Ufer. Ihre Augen sind in den verhangenen Himmel gerichtet. Ihr Geliebter ist nicht unter den Glücklichen, die ihre Boote rechtzeitig festgemacht haben.

Längst tauchten auch Fremde im Gewühl auf, Männer, die sich seit Kurzem hier ansiedelten und die mit klammen Fingern hinter ihren Staffeleien hockten. Ein paar Verrückte waren es zu Beginn, die Schirmkappe auf dem Kopf, den Zigarettenstummel zwischen den Lippen. Mit groben Pinseln verteilten sie Farbe über die Leinwand. Gotch, Birch, Forbes, Fletcher hießen sie, oder Langley, Procter, Simpson. Aus allen Richtungen des Königreiches kamen sie und ließen sich in dem gottverlassenen Küstenstreifen nieder, dort, wo die Fischer lebten, oder drüben bei den Fördertürmen, wo die „Tinners" zu Hause waren, in den Minen schufteten und ihr Leben unter Tag ließen. Sie jedoch arbeiteten droben an der Luft, betrachteten die Weite des Himmels und sahen die Mädchen am Kai stehen, die den Horizont absuchten. Die Pinselfritzen bildeten das karge Leben vor ihren Augen aber keineswegs nur ab, wie es bisher geschah, nein, sie gaben ihren Eindruck wieder – von Leben, Ferne, Nähe, Enttäuschung, Sehnsucht.

Die Künstler der Newlyn School waren bald schon nicht mehr wegzudenken aus dem kleinen Küstenort. Ihre Utensilien stanken nach Fisch, aber was auf den Leinwänden zu sehen war, revolutionierte die Kunstwelt. Die mürrischen Männer waren Pioniere einer völlig neuen Kunstrichtung – des Impressionismus.

Heute kann man ihre Werke im schönen Penlee House Gallery & Museum in Penzance bewundern, ein paar Kilometer entfernt vom ehemaligen Fischerdorf. Ich stehe vor einem Bild von Stanhope Forbes, träume mich in die Welt einer längst vergangenen Zeit und betrachte das Mädchen am Kai, das seine Augen nicht lassen kann von der Unendlichkeit der Zeit.

Stanhope Forbes:
„Eine Straße in der Bretagne" – oder doch in Newlyn?

Im Reich der Sinne
LISSABON – STADT AM TEJO

Die späte Nachmittagssonne zaubert den immer größer werdenden Schatten der A 320 der *Air Portugal* über die Wohnburgen der Lissaboner Vorstadt. Eine Windböe. Das Fahrwerk des riesigen Vogels scheint die kreuz und quer laufenden Stadtautobahnen, die die Außenbezirke miteinander verbinden, zu berühren. Die Tragflächen vibrieren, während der Pilot zur Landung ansetzt.

Wenig später vor dem Café *A Brasileira*: Ein Mann sitzt auf einem Stuhl. Musik. Eine Gruppe Breakdancer unterhält das Straßenpublikum. Hügelauf, hügelab laufen Menschen, geschäftig wie Ameisen. Straßenbahnen rumpeln über Weichen, die Gaststätten quellen über vor Touristen und Einheimischen. Hier, vor seinem Lieblingscafé, hat man dem Mann ein Denkmal gebaut. Fernando Pessoa ist einer der wichtigsten Dichter Portugals. In zahlreichen Gedichten und Essays erzählt er von der Sehnsucht und den Geheimnissen der unvergleichlichen Stadt am Tejo.

Weiter oben, in Bairro Alto, erklingt das Schluchzen eines Fado-Liedes. Dazu das Keckern der Möwen und das aufgeregte Geschnatter alter Frauen, die winzige Becher mit süßem Schnaps verkaufen. Aus der Türe einer Confeitaria dringt der verführerische Duft frisch gebackener Süßigkeiten, und im Schaufenster eines kleinen Eckrestaurants hängt eine vergilbte Speisekarte: Meeresfrüchte und Bacalhau. Lissabon ist eine einzige Sinnesattacke.

Gleich einem Liebesversprechen entdeckt sich die Stadt dem Neugierigen. Von den Hügeln aus hat man eine prächtige Aussicht auf den Fluss. Steile Gassen führen zu den weiter unten liegenden Vierteln, um jenseits eines riesigen Platzes erneut anzusteigen. „Miradouros" nennen sie hier die Aussichtspunkte, von denen aus man die schönsten Rundumblicke hat.

Denkmal der Entdeckungen

Lissabon, die stolze Schönheit Portugals, befindet sich im äußersten Südwesten Europas und scheint doch in seinem Zentrum zu liegen. In kaum einer anderen Stadt fühlt man sich auf Anhieb so zu Hause. Leben die Menschen hier beschwingter, freier als anderswo? Zumindest noch nicht lange. Die verheerenden Folgen von Erdbeben, Pest und Revolution ertrugen die Portugiesen tapfer wie kein anderes Volk. Auch die Ausbeutung fremdländischer Adelshäuser nahmen sie gelassen hin, ganz zu schweigen von den düsteren Tagen der Diktatur António de Oliveira Salazars. Fast fünfzig Jahre lang wütete der Estado Novo, der „Neue Staat", um am Ende ziemlich alt auszusehen. Am 25. April 1974 war es so weit: Die Nelkenrevolution bereitete dem Schrecken ein unblutiges Ende. Die Soldaten steckten sich Blumen in die Gewehrläufe, und die Bevölkerung tanzte auf den Straßen. Die Menschen tanzen immer noch.

Praça do Comércio
Ein Juwel von einem Platz

Alfama
Das Viertel rund um den Burghügel ist eine Stadt in der Stadt.

Cemitério dos Prazeres
Wenn ein Friedhof schön sein kann, ist es dieser.

Elevador de Santa Justa
Aufzug und Aussichtsplattform als Wahrzeichen der Stadt

São-Roque-Kirche
In Rom gebaut und dreiteilig nach Lissabon verschifft

Am Tejo
MAAT-Museum, Brücke des 25. April, Padrão dos Descobrimentos (Denkmal der Entdeckungen) und Torre de Belém (von hier aus segelte Vasco da Gamas Flotte erstmals nach Indien)

EIN FEST DER SINNE

Ich erkunde die Stadt und begreife das Leben. Ich sehe, ich höre, ich rieche, ich taste, ich schmecke. Kaum ein anderer Ort ist so sinnlich wie Lissabon. Vom Castelo de São Jorge aus blicke ich hinüber zum quirligen Bairro-Alto-Viertel, betrachte die mit roten Dachziegeln gedeckten Häuser, den mächtigen Tejo und die rote Brücke, bestaune die zum Himmel aufragende, mächtige Statue Cristo Rei – und kann mich nicht sattsehen an all dem Schönen. Dann höre ich dem Singen der Straßenbahnräder zu, die auf kurvigen Schienen die Hügel hinauf- und hinunterrollen, nur dann und wann unterbrochen vom mechanischen Stoßseufzer des anhaltenden Triebwagens.

Ich überlasse mich dem verführerischen Duft der Götterspeise Pastéis de Nata, die in jedem zweiten Laden angeboten wird, steige hinunter zum Hafen und nehme den Geruch des Flusses wahr, der sich vor dem nahen Ferienort Cascais mit dem Atlantik vereinigt. Dann taste ich mich die spiegelglatten, mit Abermillionen kleinen Pflastersteinen belegten Gassen entlang, die jede für sich ein prächtiges Mosaik aufweisen, und staune über die verschwenderisch schönen Azulejos (Kacheln), die die Hausfassaden, Klostermauern und Kirchen schmücken und deren Bilder mir von der Geschichte der Stadt erzählen. Gegen Abend genieße ich das einfache Mahl der Fischer und Hafenarbeiter in den kleinen Schenken, bestelle Bacalhau (Kabeljau), Polvo (Oktopus) und gebratene Erdäpfel oder Bife grelhado (gegrilltes Steak), nebst einem gut gefüllten Glas Vinho tinto (Rotwein).

Ich überlasse mich Lissabon mit all meinen Sinnen, tauche ein ins Häusermeer der sieben Viertel Alfama, Bairro Alto, Estrela, Chiado, Baixa, Graça und Belém, erfreue mich an der Vielfalt der Sehenswürdigkeiten, an den eleganten Fassaden der Gebäude und der Ruhe exotischer Parkanlagen. Lissabon verzaubert mich von Anfang an.

Rund um Lissabon

> **Sintra**
> Am Fuße der Serra de Sintra re-
> sidierten einst Portugals Könige:
> Palácio Nacional de Sintra, Palácio
> Nacional da Pena, Quinta da
> Regaleira oder Castelo dos Mauros
> sind prächtig restaurierte Zeitzeugen
> längst vergangener Jahrhunderte.

> **Cascais, Estoril**
> Ferienorte der Lissaboner Gesellschaft:
> Villen, Yachten, Strandpromenaden
> und ... bizarre Felsküsten

> **Cacilhas, Almada, Costa da Caparica**
> Ein Ausflug jenseits des Tejo lohnt:
> verschlafene Kleinstädte, die be-
> eindruckende Statue Cristo Re und
> kilometerlange Sandstrände.

DER GESANG DES SCHICKSALS

Im Grunde reist man am besten, indem man fühlt.
Alles auf jegliche Weise fühlt.
Alles unmäßig fühlt (...)
Fernando Pessoa

Heute möchte ich eines jener Fado-Lokale besuchen, von denen der Portugal-Reisende erzählt und der Lissabon-Kenner schwärmt. Ich tauche ein in die Alfama, wo die Häuser einander zu umarmen scheinen, wo die Musik zu Hause ist und in den Bars Lieder gesungen werden, die von Schmerz und Lust erzählen. Ich schlendere durch die Gassen, folge den

Alfama

sich zum Abend hin verfärbenden Sonnenstrahlen, nehme vor einem der kleinen Lokale Platz, hänge meiner Sehnsucht nach und wundere mich, dass sich das Gläschen vor mir immer und immer wieder von Neuem leert. Der Wein tanzt in meinem Kopf und ich beschließe, ein paar Schritte weiterzugehen. Ein rosafarbenes Gebäude liegt vor mir, darauf steht in großen Buchstaben „MUSEU DO FADO". Warum nicht, denke ich und betrete das Haus. Ein Hüne von einem Mann pflanzt sich vor mir auf. Ich erkundige mich, wo man hier in der Gegend den besten Fado hören kann. Der Mann runzelt die Stirn und betrachtet mich mit einer Mischung aus Fachwissen und Desinteresse.

„Es gibt keinen ‚besten' Fado", sagt er, „... auch keinen ‚zweitbesten', und schon gar keinen ‚schlechtesten'. Es gibt nur Fado. Das genügt."

Ich lasse nicht locker, der reichliche Genuss des Vinhos macht mich mutig.

„Können Sie mir wenigstens ein Lokal empfehlen?"

„Junger Mann", sagt er, „... gehen Sie durch die Gassen, lauschen Sie dem Gesang, der aus den Lokalen dringt, und hören Sie auf Ihr Gefühl."

Ich betrete das Museum und tauche ein in die Geschichte des Fado, lerne vom Einfluss, den die Musik auf die Menschen hat, und lausche den Stimmen von Adelina Ramos, António Vasco Moraes oder Anita Guerreiro. Der Tonfall der portugiesischen Sprache, das Seufzen der Gitarren – was ich höre, klingt so ... authentisch. Keine andere Musik auf der Welt hat mich je so berührt. Ich beginne, sie auf eine neue Art zu begreifen. Nicht der Wohlklang ist es, der mich berührt, es ist die Wahrheit des Ausdrucks. „Fado" heißt auf Deutsch „Schicksal". Nichts anderes erfahre ich hier, in dem schmucklosen kleinen Museumsraum, in dem ich Zeit und Raum vergesse. Die Stimmen der Fadistas klingen brüchig, alles andere als schön, vielmehr schmutzig, rau, ungeschult. Sie tragen mich fort.

Draußen ist es schon dunkel. Ich gehe durch die Gassen und höre auf den Gesang, der aus den Lokalen dringt, und auf mein Inneres – so, wie es mir der gestrenge Herr Museumsdiener aufgetragen hat. Ich bleibe stehen, betrete einen schummrigen Raum, der weit unterhalb des Straßenniveaus liegt, bestelle Wein und Kabeljau, und wie aus dem Nichts gesellt sich eine junge Frau zu zwei Männern, die auf ihren Gitarren zu zupfen beginnen, und sie singt so ruppig und so herzzerreißend, dass ich den großen Dichter Pessoa zu begreifen beginne. Dann tritt ein Jüngling vor, der Kellner des Lokals, und auch er schreit mit wilder Stimme seine Wut heraus – worauf ihm eine alte Frau antwortet, die jetzt ins Licht tritt, um die Schultern trägt sie

Vinho tinto

ein Fransentuch. Auch ihre Stimme ist kräftig und rau, und das alles ist so überraschend und ... schön, dass ich nichts anderes zu tun weiß, als mich an mein Glas zu klammern und es in einem Zug zu leeren. Eine andere Frau erhebt sich und auch sie brüllt sich die Seele aus dem Leib, und während mir der Sänger von vorhin das Glas vollschenkt, beginnt auch noch ein alter Mann, die Sonnenbrille auf dem Kopf, mit brüchiger Stimme zu singen. Immer wieder kommentieren die anderen, die im Dunkeln verharren, den Gesang des Vorsängers, ergänzen ihn, führen ihn fort. Und dann fällt auch das Publikum in den Refrain „Minha Lisboa!" mit ein, und ich bestelle ein nächstes Glas und ein übernächstes und überlasse mich der Leichtigkeit des Seins. „Minha Lisboa!"

„Was ist das Wesentliche am Fado?", frage ich später den Sänger-Kellner, als es ans Zahlen geht.

„Die Stille", sagt er und reicht mir die Rechnung. „Wir singen nicht für morgen, nicht für gestern. Wir singen jetzt. In diesem Moment. Und wenn wir das Lied spüren, tun das auch unsere Zuhörer. Wir leben Fado."

Ich bezahle. Die Gitarristen haben das Lokal längst verlassen, jemand dreht eine Neonröhre an. Fahles Licht. Im Raum befinden sich außer mir nur noch drei weitere Gäste. Ich steige die Stufen in die Welt hinauf. Ich glaube, ich habe heute wieder ein wenig mehr über das Leben erfahren.

Ich bin nichts.
Ich werde nie etwas sein.
Ich kann nicht einmal etwas sein wollen.
Abgesehen davon trage ich in mir alle Träume der Welt.
Fernando Pessoa

↑ Fado forever

↖ Livraria Bertrand – die
älteste Buchhandlung
der Welt

→ Auf einen Kaffee mit
Fernando Pessoa

Die TV-Illustrierte

EIN BLICK HINTER DIE KULISSEN VON
STUDIO 2

Der Anruf erreichte mich im September 2019 auf dem Weg zwischen St. Jakob im Walde und Wenigzell im schönen Joglland.
„Können Sie sich vorstellen, als Reiseexperte zu uns in die Sendung zu kommen?"

Ich habe schon unerfreulichere Anrufe bekommen. „Klar. Kann ich", antwortete ich. „Um welche Sendung geht's denn?"

Einige Tage später saß ich im Büro des Daytime-Chefs des ORF.

„Haben Sie schon mal *Studio 2* gesehen?"

„Nicht wirklich", sagte ich. Wir saßen in seinem winzig kleinen Büro, hoch oben auf dem Küniglberg, in Wien-Hietzing. Der Schreibtisch quoll über von Mappen und Manuskripten, vielleicht auch Bewerbungen. Wir wurden uns einig, schneller, als wir beide dachten.

„Wann geht's los?", fragte ich.

„Morgen."

Klare Ansage. Das mag ich. Ich meinte dann noch: „Das ist genau, was ich will", aber das hörte mein neuer Chef schon nicht mehr.

Drei Jahre bin ich nun schon dabei. Jeden Dienstag blicke ich ins Rotlicht der Kamera. „Daytime" – inzwischen weiß ich, was das heißt: Vorabend, beste Sendezeit. Um 17.30 Uhr

Das Außen des Innen

ertönt die Kennmelodie und die Nation sitzt vor den Flat-screens. Seit jenem Tag darf ich zum engsten Kreis einer TV-Illustrierten gehören, die sich gewaschen hat. „Hintergründe zu aktuellen Ereignissen" steht im Portfolio und „Ein Blick hinter die Kulissen von Kultur und Society". Na bitte. „Beste Tipps für Mode, Kulinarik, Lifestyle, Medizin und für ein nachhaltiges Leben." Was immer das ist, aber das Land scheint nicht genug davon zu bekommen. Prächtige Redakteure, pfiffige Mitarbeiterinnen, tolle Präsentatorinnen und Präsentatoren. Und: beste Quoten! Von Reise steht zwar nichts in der Sendungsbeschreibung auf der ORF-Homepage, aber das macht nichts, meine Geschichten sind sowieso unbeschreiblich. Eine Stunde lang brummt das Studio, täglich von Montag bis Freitag – professionell, konzentriert, lautlos. Bis auf jene, die vor der Kamera agieren: Die quasseln, was das Zeug hält. Hinter der Kamera aber wird geflüstert und gefuchtelt. Was für eine seltsame Welt. Pralles Leben eben.

Das Studio steht inmitten der südlichen Pampa von Wien, dort, wo die Maulwürfe täglich neue Baugruben ausbuddeln, die Spatzen von den Wohntürmen pfeifen und die Füchse dem Kleinvieh eine gute Nacht wünschen. Genau dort, im goldenen Schnitt zwischen Rushhour und Friedhofsruhe, begibt sich Tag für Tag das Wunder einer Live-Sendung. Und die, die daran mitwirken, sind stolz drauf. Zu Recht. Ob Ostern oder Weihnachten, ob das Land schwitzt oder friert, die Typen vor der Kamera sind immer gut drauf. Und wenn man mich fragen würde, was ich da jeden Dienstag so treibe, würde ich sagen: „Am ehesten noch Geschichten erzählen." Warum auch nicht? Es ist das Erfolgsrezept der Sendung.

DER COUNTDOWN

16.30 Uhr: Ankunft im Studio. Dekorationsteile werden durch die Halle geschoben, Requisiten, Möbel, Teppiche. Alles redet durcheinander. Die wöchentlich wechselnde Kochpersönlichkeit ordnet die Lebensmittel am Küchenblock – das fertig gekochte Gericht wartet bereits in der Röhre. Christa, die Requisitenbevollmächtigte, dirigiert das Reich backstage. Arbeitsbienen summen durch den Raum, und drüben, auf der Wittmann-Garnitur, hocken die Kameraleute wie die Hühner

Christa in ihrem Element

am Sprießel und lauschen mit gespitzten Ohren den Anweisungen des Regisseurs. Der Aufnahmeleiter notiert Kameraeinstellungen sowie Übergänge.

16.35 Uhr: Der Reisende kontrolliert sein Tablet, von dem aus die Fotos abgerufen werden, die später auf Sendung gezeigt

werden. Tonmeister und Kameraassistenz gehen die Ablauflisten durch.

16.40 Uhr: Der Inspizient versucht der (alltäglichen) Katastrophen Herr zu werden. Eine Routine, von der nichts nach außen dringt und die Nation nie erfahren wird.

16.45 Uhr: Die Moderator:innen schleichen durchs Studio, in der Hoffnung, letzte Infos zu bekommen. Der Regisseur wuselt hinterdrein und verschenkt Aufmerksamkeit. Das ist was. Auch der Reisende zeigt sich. Er begrüßt Kamera, Aufnahmeleitung, Licht- und Kosmetikcrew und was sonst noch so unterwegs ist. Das Innere eines Biens könnte nicht geschäftiger sein.

16.50 Uhr: Der Stargast trifft ein. Auch wenn er eigentlich ein alter Bekannter ist, on air wird er hoch überrascht begrüßt – als ob er zum ersten Mal im Studio wäre. Und während der Inspizient ihn um eine Widmung im Stammbuch bittet, fragt der Gast: „Wann bin ich dran?"

Der Reiseleiter in Vorbereitung

„In eineinhalb Stunden", lautet die stereotype Antwort, woraufhin die im Raum anwesenden „Experten", die vor ihm dran sind, im Kollektiv in ihre Bärte murmeln: „Wenn ich nicht überziehe!"

16.55 Uhr: Der Auftritt wird durchgesprochen. Schotti, der Schwadroneur, erzählt, was er zu erzählen hat, und das ist

↖ Peter, Meister
   der Töne

← Unser Regisseur
   Andi

↙ Inspizient Christian

↓ Birgit Fenderl und
   Martin Ferdiny

meist mehr als gewünscht. Die Regie hört freundlich zu. Jetzt ist der Zeitpunkt, um Fragen durchzusprechen, die eine halbe Stunde später „spontan" gestellt werden.

17.00 Uhr: Weitere Fachexperten treffen ein. Sie müssen nicht proben, sie kommentieren Aktuelles: Politik-, Rechts- oder Wirtschaftsfragen. Auch Todesfälle. Die TV-Illustrierte hält für jeden etwas bereit, wobei sich Nachrufe besonderer Beliebtheit erfreuen, sie werden meist zuvorderst platziert.

17.05 Uhr: Verena Scheitz, Birgit Fenderl, Norbert Oberhauser oder Martin Ferdiny, wer eben gerade Dienst schiebt, erscheinen im Backstagebereich und begrüßen den Stargast.

Verena Scheitz und Norbert Oberhauser: Was sich liebt, das neckt sich.

17.10 Uhr: Der Reisende nimmt in der „Maske" Platz. Da muss jeder durch, schließlich sollte man vor der Kamera erholt und frisch aussehen – das Licht ist grell und die Fangemeinde kritisch. Privatismen sind in der Garderobe abzugeben. Apropos – die gibt's natürlich nur für die Präsentatoren, alle anderen teilen sich den Gemeinschaftsstuhl im Wartecontainer.

17.15 Uhr: Das Make-up ist fertig, der Geschichtenerzähler auch. Er begibt sich in den Gästebereich.

„Warst du schon in der Maske?", fragt jetzt garantiert jemand, und darauf hat man zu antworten: „Ja, aber bei mir nützt es nix." Den Text sollte man parat haben, damit punktet man bei den „Neuen". Ab jetzt braucht's halt gute Laune.

17.20 Uhr: Tom, der Redakteur, erscheint auf einen Sprung, nickt und lächelt: „Alles gut?" Darauf sollte man mit „Nein" antworten, denn, man glaubt's nicht, auch das sorgt für Stimmung. Im Studio werden letzte Handgriffe getan, Gags abgesprochen, Lichtzeichen gesetzt. Eine Zuspielung muss noch geprobt werden. Im Monitor fragt der Außenreporter, ob er zu verstehen ist. Das aber muss man von seinen Lippen ablesen, denn er ist alles, nur nicht zu hören. Am Gesichtsausdruck sieht man ihm seine Verzweiflung an, und im nächsten Moment brüllt seine Stimme auch schon unkontrolliert laut durchs Studio. Alle lachen, er zwinkert, man winkt zurück. Alles paletti. Später, auf Sendung, wirkt er wie immer hochseriös. Das Schicksal verteilt die Rollen.

17.25 Uhr: Im Warteraum wird der Monitor aufgedreht und vom Inspizienten eingestellt, damit hier draußen alle sehen und hören können, wer sich drinnen blamiert.

17.30 Uhr: Kennmelodie. Die Nation starrt auf die Apparate. Der Inspizient zerrt einen Gast nach dem

Immer im Bild

anderen ins Studio, die Deko im „Off" wird zurechtgeruckelt, Christa verstaut den Reiserucksack und gießt ein Wasserglas voll (warum, weiß ich nicht, bei Live-Sendungen scheint das ein ungeschriebenes Gesetz zu sein). Norbert, Verena, Birgit oder Martin nicken dem Reisenden aufmunternd zu. Rotlicht. Wir sind auf Sendung.

Woche für Woche das gleiche Ritual, die gleiche Spannung, die gleiche Erleichterung. „IKAP" – immer kann alles passieren. Eine Stunde später legt sich die Aufgeregtheit im *Studio 2*. In dem winzig kleinen Büro im ersten Stock am Küniglberg klappt der Daytime-Chef seinen Laptop zu. Der Hauptabend beginnt. Der Reisende begibt sich auf die Reise. Dieses Mal nach Hause.

PS: Ich danke allen Kolleginnen und Kollegen von *Studio 2*. Ich bin stolz darauf, ein Teil der Sendung zu sein und Woche für Woche meine Geschichten erzählen zu dürfen.

Schottis Reisetagebuch

Vom Volkstheater nach Vietnam. Mit einem sehr persönlichen Reisebericht präsentiert sich der Theatermacher Michael Schottenberg in seiner neuen Rolle als Globetrotter. Mit nichts als einem 40-Liter-Rucksack begibt sich der Geschichtensammler, Eigenbrötler und Philosoph in das Land von „Onkel Ho". Unterwegs begegnet er „Brautpaaren, die an den Himmel stoßen", wird von einem Gecko in Beschlag genommen und lässt sich vom Trubel des Nachtmarkts in Hanoi mitreißen.

Viele ungewöhnliche Begegnungen hat er, und er schildert sie alle mit dem ihm eigenen Humor. Ob bei einer kräftigen Pho-Suppe, im „Moped Motel" oder im Wasserpuppentheater: „Schotti" gewinnt Einblicke und Eindrücke vom Alltag der Menschen in Vietnam. Vieles erinnert ihn auch an früher, dann denkt er zurück – an wesentliche Momente seiner Theaterlaufbahn.

Michael Schottenberg
Von der Bühne in die Welt
Unterwegs in Vietnam

208 Seiten, mit zahlreichen
Reisefotos des Autors
ISBN 978-3-99050-091-0
eISBN 978-3-903083-82-0

„Burma ist tatsächlich so, wie man es sich vorstellt – und doch ganz anders."

Michael Schottenberg, Reiseschriftsteller und ehemaliger Theatermacher, nimmt seine Leser mit zu neuen Abenteuern: nach Burma. Mit dem ihm eigenen Humor und einem Gespür für das Außergewöhnliche erzählt er von seinen Entdeckungsreisen abseits touristischer Massenpfade. Er erlebt nächtliche Irrfahrten durch den Großstadtdschungel von Rangun, schwebt in einem Ballon über die Pagoden des sagenhaften Bagan, stößt bei der Fahrt über das Gokteik-Viadukt an die Grenzen des Himmels und wohnt einem kitschigen Touristenspektakel ebenso bei wie einem versteckten Puppentheater im privaten Wohnzimmer. Vor allem aber erfährt er die Herzlichkeit der Menschen Burmas und entdeckt ein Land voll beeindruckender Schönheit, Würde und Heiterkeit.

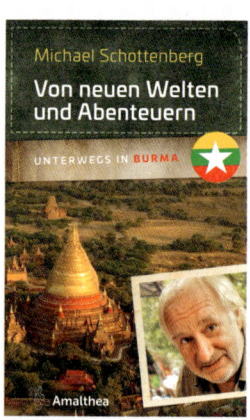

Michael Schottenberg
Von neuen Welten und Abenteuern
Unterwegs in Burma

208 Seiten, mit zahlreichen
Reisefotos des Autors
ISBN 978-3-99050-089-7
eISBN 978-3-903217-26-3

Michael Schottenberg
Von Träumen und Schiffen
Unterwegs auf dem
Frachtschiff MS Karina

208 Seiten, mit zahlreichen
Reisefotos des Autors
ISBN 978-3-99050-162-7
eISBN 978-3-903217-41-6

Auf den Planken, die die Welt bedeuten

Michael Schottenberg, einstiger Theatermann, genießt sein neues Leben als Reiseschriftsteller: Nach Vietnam und Burma treibt ihn die Abenteuerlust diesmal an Bord des Frachtschiffs MS *Karina*. Drei Wochen lang begleitet er als „Seebär auf Zeit" die Crew bei ihren Fahrten durch die sturmgepeitschte Nord- und Ostsee, zwischen Deutschland und Schweden, den Niederlanden und Großbritannien.

Sehr persönlich und mit viel Humor erzählt „Schotti" von wunderlichen Matrosen und zauberhaften Seemannsbräuten, scheinbaren „Kulturstädten" und dem geschäftigen Treiben der Hafenzonen, aber auch vom einfachen Leben an Bord und der Einsamkeit auf See – und von den Urängsten im Angesicht eines durch Sturm entfesselten Ozeans ...

Michael Schottenberg
**Von Menschen,
Märchen & Moguln**
Unterwegs in Indien

240 Seiten, mit zahlreichen
Reisefotos des Autors
ISBN 978-3-99050-182-5
eISBN 978-3-903217-57-7

Wo die Schönheit auf der Straße liegt

Indien, Land der Wunder und Gegensätze, ist eine Herausforderung für jeden Reisenden. Auch für Michael „Schotti" Schottenberg, der fünf Wochen lang mit Rucksack und Notizbuch quer durch den asiatischen Subkontinent fährt, von Mumbai im Westen bis Kolkata im Osten. Was sich ihm bietet, ist eine Welt mit zwei Gesichtern, in der prunkvolle Märchenpaläste und leuchtende Farben neben bitterster Armut zu finden sind. „Indien ist ein unfassbar verwirrendes Land, ein Land der Zukunft, das im Mittelalter feststeckt. Indien ist Horror und zarter Liebeshauch aus 1001 Nacht, Fluidum geheimnisvoller Düfte und fauliger Geruch brennender Leichen ..."

Begleiten Sie Michael Schottenberg auf eine unvergessliche Reise, bei der Leben und Tod, Schönheit und Schrecken untrennbar miteinander verbunden sind.

Mit Schotti durch Österreich

Für Reiseschriftsteller Michael Schottenberg sind das Wichtigste die Menschen. Nie sind es die Orte, die Sehenswürdigkeiten, die ihn auf seinen Reisen rund um die Welt in ihren Bann ziehen – es sind die Menschen und deren Geschichten. Auch auf seiner Tour durch Österreich erlebt und „erfährt" er Erstaunliches wie Kurioses: von der Hochzeitsbäckerin im südlichen Burgenland über ballspielende Forellen im Innviertel, vom Holzkünstler in Schruns und der Badefrau im Wiener Tröpferlbad bis hin zum „Schiachen"-Schnitzer oberhalb von Brixlegg.

Mit der ihm eigenen Herzenswärme, Humor und auch Weisheit schildert „Schotti" die schönsten Plätze und Schätze Österreichs, Unentdecktes und Liebgewonnenes – ein Reiseführer der besonderen Art von einem leidenschaftlichen Entdecker und Abenteurer.

Michael Schottenberg
Schotti to go
Österreich für Entdecker

288 Seiten, mit zahlreichen
Reisefotos des Autors
ISBN 978-3-99050-200-6
eISBN 978-3-903217-75-1

Mit Schotti durchs Burgenland

100 Jahre Burgenland – Grund genug für Reisephilosoph Michael Schottenberg, Österreichs jüngstem Bundesland einen Besuch abzustatten. Mit seiner roten Vespa braust er von Kittsee bis zum Csaterberg, von Stinatz bis Andau, macht halt auf Burgen und Kulturbühnen, in Stadtschlaining wie in Bildein. Die „junge Dame aus den Golden Twenties" ist der Mittelpunkt der Welt, ist doch das Schicksal von Österreichern, Kroaten, Ungarn und Roma eng mit ihr verknüpft. Der ethnischen Vielfalt und einzigartigen Kultur der Region begegnet „Schotti" in Gesprächen mit außergewöhnlichen Menschen: dem „Gschalerma(n)dlbauer" in Heiligenbrunn, einem Töpfermeister aus Stoob, dem Grabinschriftenjäger von Eisenstadt oder dem, der mit den Düften tanzt, in Frauenkirchen.

Entstanden ist ein humorvolles, geistreiches Buch für Entdecker – und ein Geburtstagsgeschenk der besonderen Art für ein besonderes Land.

Michael Schottenberg
Schotti to go
Burgenland für Entdecker

224 Seiten, mit zahlreichen
Reisefotos des Autors
ISBN 978-3-99050-209-9
eISBN 978-3-903217-78-2

Michael Schottenberg
Schotti to go
Wien für Entdecker

224 Seiten, mit zahlreichen
Reisefotos des Autors
ISBN 978-3-99050-221-1
eISBN 978-3-903217-89-8

Mit Schotti durch Wien

„Wien ist Orient und Okzident, Gemütlichkeit und Perfidie, eine Melange aus himmelhoch jauchzend und zu Tode betrübt."

Reisephilosoph Michael Schottenberg hat eine besondere Beziehung zu der Stadt, in deren schummrig beleuchteten Nachkriegsgassen er einst das Licht der Welt erblickte.

Mit liebevoller Zuneigung und doch kritischem Blick trifft er hier neben Wiener Grant und Heurigenglück auf alteingesessene Originale, versteckte Friedhöfe und Märkte sowie bewegende Orte der Erinnerung …

„Wien für Entdecker" ist die Liebeserklärung eines Weltenbummlers an seine Heimatstadt: ein Kaleidoskop von menschlichen Begegnungen, persönlichen Momentaufnahmen und überraschenden Entdeckungen.

Michael Schottenberg
Schotti to go
Niederösterreich für Entdecker

240 Seiten, mit zahlreichen
Reisefotos des Autors
ISBN 978-3-99050-233-4
eISBN 978-3-903441-01-9

Mit Schotti durch Niederösterreich

„Das Ferienhäusl, das mein Vater erwarb und in dem ich den Großteil meiner Kindheit verbrachte, ist längst verkauft. Nun, da ich erwachsen bin, zieht es mich wieder hinaus in den Wienerwald, nach Niederösterreich." Mit diesen Worten beginnt die Liebeserklärung Michael Schottenbergs an seine neue Heimat. Der fantasievolle Reisephilosoph tut, was er am besten kann: Geschichten erzählen, die aus dem Herzen kommen und zu Herzen gehen. Seine Tour durch Grafenegg, Maria Gugging, Hardegg, Rossatz und viele andere Orte ist nicht nur ein literarisches Geburtstagsgeschenk an ein 100-jähriges Land, sondern auch ein einzigartiges Dankeschön an all jene Menschen, die ihm ihre Lebensentwürfe anvertrauten: Pecher und Waldrapper, Erdäpfelzüchter und Fischhäuter, Mohnwirte, Vertriebene, Sternengucker, Verpackungskünstler und Löffelmacher. Ein humorvolles Buch voller Abenteuer, Entdeckungen und Begegnungen, die lange im Gedächtnis bleiben.